# 대한민국 공무원
# 민원 응대 설명서

# 대한민국 공무원
# 민원 응대 설명서

초판 1쇄 발행 ┃ 2021년 10월 5일
개정판 1쇄 발행 ┃ 2022년 11월 11일

지은이 한상필
책임 편집 조성우, 손성실
디자인 권월화
일러스트 신병근
펴낸곳 생각비행
등록일 2010년 3월 29일 ┃ 등록번호 제2010-000092호
주소 서울시 마포구 월드컵북로 132, 402호
전화 02) 3141-0485
팩스 02) 3141-0486
이메일 ideas0419@hanmail.net
블로그 www.ideas0419.com

ⓒ 한상필, 2022
ISBN 979-11-92745-00-8 13350

한상필 지음

민원 해결의 핵심은 신속성이다

# 대한민국 공무원 민원 응대 설명서

일 잘하는 공무원의 슬기로운 현장 경험

실전
Q&A
수록

개정판

생각비행

# 《대한민국 공무원 민원 응대 설명서》 개정판을 출간하며

'아무도 알려줄 수 없고 누구도 알려주지 않는 실전 민원 응대법'이라는 콘셉트로 책을 출간한 지 1년이 조금 넘었습니다. 많은 분이 애정 어린 피드백을 주셨고 아쉬운 부분을 지적한 피드백을 가슴에 새기며, 개정판을 출간하게 된다면 보완하여 더 많은 후배 공직자 여러분께 도움이 되도록 하겠다고 상상했습니다. 그 상상이 현실이 된 지금, 초판 출간 전 떨림과는 조금 다른 기분 좋은 긴장감을 느낍니다.

출간 이후 책을 매개로 강의 형식으로 많은 후배 공직자를 만났습니다. 1500명이 넘는 분과 얼굴을 맞대고 이야기하며 민원 처리 형태의 일방향성 치우침에 관한 피드백을 가장 많이 받았습니다. 어쩔 수 없는 상황입니다. 경험을 토대로 출간한 책이기에 기술직렬인 제가 처리한 민원의 성격이 드러난 셈이니까요. 9급 공무원 전체 직렬 종류는 20가지가 넘습니다.

개정판을 준비하며 모든 분야의 경험을 녹여낼 수는 없더라도 최대한 보편적인 이야기를 담으려고 노력했습니다. 책을 쓰고 강의하다 보니 직접 또는 메일로 민원 관련 상담 요청을 받곤 합니다. 그중 직렬 구분 없이 모든 공무원에게 도움이 될 만한 내용을 추려 부록에 실전 Q&A 형식으로 담았습니다. 또한 MZ세대 신규 공무원의 유입으로 변화하는 공직사회의 속도만큼이나 빠르게 변화하는 민원 응대 관련 제도를 소개하고 조직의 개선 노력을 담아내고자 했습니다. 구체적인 민원 상황이 다를지라도 개정판에 담긴 핵심 내용을 실무에 잘 적용한다면 민원을 현명하게 처리하는 데 도움이 될 수 있다고 생각합니다.

민원 응대와 관련된 강의를 진행하며 참으로 가슴 아픈 이야기를 들었습니다. "민원인 상대하는 것만으로도 벅찬 현실에 왜 친절까지 강요합니까?" 이런 고충을 토로하는 분의 마음을 십분 이해합니다. 하지만 저는 민원인을 향한 친절의 중요성을 이야기하며, 더 공감하며 진심을 전하라고 말씀드립니다. 물론 민원인의 만족과 행복을 위해 담당자의 영혼까지 갈아 넣으라는 이야기는 아닙니다.

우리가 친절의 온도를 올리고 진심으로 공감할 마음의 준비

시작하는 글

가 되어 있다면 민원인의 만족도도 높아질 것입니다. 민원인
의 만족은 곧 감정노동으로부터의 해방을 의미합니다. 민원인
은 '갑', 공무원은 '을'이라는 '갑을관계'에서 벗어나 소중한 여
러분의 삶을 지키기 위해, 이 책에서 이야기한 지식, 공감, 원
칙, 청렴, 진심이라는 다섯 가지 무기를 꾸준히 갈고 닦으시길
바랍니다.

"백 번 싸워서 백 번 다 이기는 것이 가장 좋은 방책이 아니다.
싸우지 않고 승리하는 것이 가장 좋은 방책이다."

(《손자병법》, 모공謀攻 편)

2500여 년 전 손무는 《손자병법》을 통해 우리에게 이야기합니다. 저는 싸우지 않고 승리하는 방책의 중요성을 믿습니다. 그렇기에 본문에 현명한 민원 응대를 위한 3·5·7 전략을 제시했고, 지금도 민원 최일선에서 민원인을 응대하며 글을 쓰고 강의합니다. 같은 고민을 하며 걷는 길에서 여러분의 경험과 지혜가 더해진다면 향후 이 책의 내용이 더욱 탄탄해지리라 믿습니다. 민원 현장에서 고민하는 신규 공직자 여러분이 저의 충고와 조언을 받아들여 시간을 절약하고 감정노동에 얽매이지 않음으로써 민원인과 공존하며 행복하게 공직 생활을 이어 나간다면 그보다 더 큰 기쁨은 없다고 생각합니다.

정리되지 않은 생각을 책으로 출간될 수 있게끔 격려를 아

시작하는 글

끼지 않은 생각비행 관계자분들, 세 남매의 육아를 병행하며
사회복지사로서 경험을 나눠준 사랑하는 아내, 그리고 이 책
을 출간하기까지 영감을 주신 모든 분께 감사의 마음을 전합
니다.

한상필

차례

## PART 2

## 민원인과의 갈등, 극복해야 하는 이유

## PART 3

# 민원 극복을 위한 다섯 가지 방법

# PART 4

# 3·5·7 전략으로 승부하라

## 부록

# 실전사례 Q&A

# PART 1

# 민원인과의
## 갈등이
## 시작되었다

우리는 자랑스러운 대한민국 공무원이다. 자부심을 가져도 좋다. 생존율 2.2퍼센트라는 치열한 경쟁에서 당당히 살아남았다. 하지만 기쁨도 잠시 우리 앞에는 항상 민원이 기다리고 있다.

공무원 입시 전쟁의 끝이 '합격'이라면 민원의 끝은 '퇴직'이다. 공직 생활 내내 우리는 민원과 함께하는 셈이다. 더욱이 민원인은 '고객은 왕이다.'를 부르짖으며 공공 서비스에서 민간 서비스 수준의 응대를 요구한다. 그들은 원하는 서비스를 받지 못하면 과격한 행동을 보이기도 한다.

"김포시 코로나19 대응 민원처리 단속반은 지난 23일 오후 10시 40분께 음식점 내부에 불빛을 내며, 영업을 한다는 민원신고를 받고 즉시 현장으로 출동했다. 현장에는 남성 손님 2명이 10시 이후 방역수칙을 위반한 채 술을 마시고 있었다. 이에 단속반은 위반행위 확인서를 징구하려 했으나, 이 과정에서 영업주가 확인서를 빼앗아 찢어버리는 등 단속을 방해한 것으로 알려졌다. 특히 이를 제지하는 공무원들의 얼굴을 밀치며 여성 직원의 머리채를 잡아 수차례 잡아당기는 등 욕설을 퍼붓고 폭행을 단행한 것으로 전해졌다.”

(《중부일보》, 2021.04.26.)

코로나 확산 방지를 위해 영업 제한 시간을 지키려는 소상공인의 노력도 눈물겹지만, 오후 10시 이후부터 다음 날 아침까지 비상 단속 근무를 유지하는 코로나19 대응 민원처리 단속반의 노력 또한 처절하다. 코로나19 장기화로 어려움을 겪는 자영업자의 마음을 모르는 건 아니다. 하지만 국가 재난 상황에서 개인 매출 증대가 방역 수칙 준수라는 사회적 가치를 훼손하게 둘 수는 없다. 그럼에도 불구하고 위 기사를 보면 자영업자가 일방적으로 공무원에게 분노를 표출했음을 알 수 있다.

지난달 29일 대전시 서구의 한 행정복지센터에서 술에 취한 민원인이 난동을 부리기 시작했습니다. 자신의 기초생활수급비가 줄었다는 이유였습니다. 민원인 47살 A 씨는 급기야 40대 팀장급 공무원의 머리채와 멱살을 잡고 흔드는 등 폭행을 저질렀습니다. 또 다른 40대 공무원의 머리를 손으로 때리고 밀치는 등 A 씨의 폭행과 난동은 경찰이 도착할 때까지 수 분 동안 이어졌습니다. 해당 공무원들은 전치 2주의 상해를 입은 것으로 알려졌습니다.

(《KBS》, 2021.04.06.)

민원인은 평소 받아오던 기초생활수급비가 70만 원에서 58만 원으로 줄었다는 이유로 공무원을 폭행했다. 폭행당한 공무원은 2주간의 휴식으로 외상을 치료할 수 있겠지만, 마음의 상처는 평생 아물지 않을 것이다.

신문이나 TV 뉴스에 나오는 이런 기사를 남의 일이라고 생각할 수 없는 까닭은 정도의 차이가 있을 뿐, 우리가 매일 접하는 민원과 다르지 않기 때문이다.

우리는 민원이라는 파도가 언제 덮칠지 모르는 바다에 떠 있다. 안전을 위해서는 파도가 어떻게 만들어지고 왜 거세지며 높아지는지 알아야 한다. 그래야 민원에 대해 정확히 이해하고 상황에 맞는 대책을 강구하여 높고 거친 민원의 파도를 쉽게 넘을 수 있다.

## 01. 우리는 대한민국 공무원이다

"우리는 자랑스러운 대한민국의 공무원이다."

〈공무원 헌장〉의 도입부다. 충분히 자랑스러워할 만하다. 공직 생활에 꿈을 품고 있는 쟁쟁한 경쟁자들을 이겨냈으니 말이다. 2020년 교육부와 한국직업능력개발원이 전국 고등학생, 학부모, 교원(학교 관리자, 교사) 2만 7000여 명을 대상으로 희망하는 직업에 대해 조사했다. 이 조사(진로 교육 현황 조사)에 따르면 장래 희망 상위 10위 중 4개의 직업군(공무원, 교사, 군인, 경찰관)이 공직이었으며 그 비율은 14.7퍼센트였다. 그리고 범위를 상위 10위권으로 좁히면 그 가운데 43.2퍼센트를 차지할 정도로 인기가 높다. 그러나 높은 인기에 비해 공급이 따라주질 못한다. 2019년 8월 국가직 7급 공무원 공채 시험의 경우 전국에서 3만 5000명이 응시했으나 선발 인원은 2.2퍼센트에 불과한 760명이었다.

경쟁이 치열할수록 이겨냈을 때 더 큰 희열을 느낀다. 100명 중 2명밖에 누릴 수 없는 짜릿한 기분을 우리는 충분히 맛보았다. 지역, 직렬마다 경쟁률 차이는 있지만 최소 두 자릿수 경쟁률을 뚫고 지금의 자리에 서 있다. 어깨에 힘이 들어갔다고 누가 뭐라고 말할 사람도 없다. 돌이켜 생각하면 이토록 달콤한 기쁨은 쉽게 얻은 것이 아니다.

우리는 강의실 앞자리를 차지하기 위해 새벽부터 닫힌 학원 문 앞에서 줄서기를 마다하지 않았다. 또한 공무원 시험에 합격할 때까지 두 평 남짓 고시원에서 지내면서 하루 14시간 이상 공부했으며 돈과 시간을 절약하기 위해 컵밥이나 삼각김밥으로 끼니를 때웠다. 이렇게 필사적으로 공무원이 되기 위해 노력한 우리이기에 충분히 행복할 자격이 있다.

**행복이라는 이름의 도착지**

공무원 합격증을 받아들던 때의 기쁨이 생각나는가? 그 순간부터 인생 내비게이션의 목적지는 행복으로 설정되었다. 즐겁게 여행하는 마음으로 행복을 향해 가볍게 걸어가면 자연스럽게 목적지에 도착할 줄 알았다. 왜 그럴까? 이유는 간단하다.

첫째, 저녁이 있는 삶을 꿈꿀 수 있다고 믿었기 때문이다. 국민 대부분이 '칼퇴'를 공무원의 특권으로 알고 있다. 부서 성격에 따라 야근과 주말 근무가 있지만 일반 기업에 비할 바는 아니다.

제도적 변화도 한몫했다. 지방자치단체 5급 이상(과장급)은 시간 외 근무 수당을 연봉에 포함하여 받는다. 이런 변화는 과장(팀장)의 연쇄 '칼퇴'를 유도하여 직원들의 부담을 확연히 덜어주었다. 또한 유연근무제Flexible Working Hours를 권장한다. 유연근무제는 하루 8시간 근무를 전제로 출퇴근 시간을 조정할 수 있는 제도(8시에 출근하면 5시에 퇴근하는 방식)다. 소속 직원이 유연근무제를 어느 정도 활용하는지가 과장의 근무평정에 반영된다. 가장 중요한 변화는 워라밸을 중시하는 사회 분위기에 따라 야근을 하려는 공무원이 확연히 줄었다는 것이다.

나 또한 10년 만에 회사로 복귀한 아내의 육아 공백을 메우기 위해 유연근무제를 적극 활용하고 있다. 야근 수당보다 자유로운 저녁 시간이 더 소중하다. '저녁이 있는 삶'을 꿈꾸는 시대적 변화에 제도적 변화까지 더해져 우리를 격려한다.

둘째, 직업 안정성과 복지 혜택 때문이다. 사오정(45세 정년), 오륙도(56세까지 직장에 다니면 도둑)라는 말이 민간 기업에서 이야기된다면 공무원 사회에는 '철밥통'이라는 말이 통용된다. 긍정적인 표현은 아니지만 직업 안정성을 이처럼 직접적으로 표현하는 말이 또 있을까? 임홍택은 《90년생이 온다》라는 책에서 "공무원은 구조조정의 공포가 없다. 한국 정부가 수립된 1953년 이래로 단 한 번도 공무원 구조조정을 진행한 적은 없다. 정부가 가장 모범적인 고용주인 셈이다."라고 했다. 맞는 말이다. 공무원은 스스로 사직하거나 중대한 잘못을 저지르지 않는다면 정년이 보장된다.

또한 복지 혜택은 어떤가? 대표적인 예는 육아휴직이다. 그 기간과 수당은 타의 추종을 불허한다. 휴직 기간에도 복지 포인트 지급, 건강 검진 지원 등 기본적인 복지 혜택이 유지된다.

혹자는 육아휴직이 "여성 공무원만의 혜택이 아니냐?"고 반문할 수 있겠지만 그렇지 않다. 인사혁신처 자료에 따르면 2021년 육아휴직을 사용한 국가공무원 1만 2573명 중 남성이

5212명으로 41.5퍼센트를 차지했다. 2019년에 30퍼센트를 넘어선지 2년만에 40퍼센트를 돌파했다. 이는 공무원 조직 내 육아휴직에 대한 인식 변화가 활발하게 이뤄지고 있음을 뜻한다. 인터넷 포털 사이트에 육아휴직을 검색해보면, '육아휴직 갔다 왔더니 책상을 뺐다.', '돌봄휴가 뒤 사라진 책상', '육아휴직 썼더니 아예 책상 치워버렸어요.' 등 공무원 조직과는 별개의 세상 이야기로 가득하다.

셋째, 시간 활용이 자유롭기 때문이다. 예전에는 연가를 상급자의 눈치를 보며 썼지만 지금은 상상도 할 수 없는 이야기다. 연가 사용 허가는 차치한다 하더라도 요즘엔 상급자가 연가를 내는 목적을 물어보는 것조차 주변 사람들의 눈총을 받는다. 그 밖에 육아시간, 가족돌봄휴가 등 가정에 충실하거나 자기계발에 투자할 수 있는 시간이 많아졌다. 이처럼 공직 사회는 긍정적인 방향으로 빠르게 변화하고 있다.

## 민원인과의 갈등이 시작되었다

그렇다고 공직 생활에 꽃길만 놓인 것은 아니다. 빛이 있으면 그림자가 생기듯 공직 사회에도 어두운 면이 있다. 대표적 예가 박봉과 경직된 직급 체계, 민원인과의 갈등이다.

〈올해 공무원 월평균 세전 소득 522만 원〉이라는 기사를 접하고 잠시 업무를 멈춘다. 내 급여명세서를 살펴보았다. 만감이 교차한다. 분노와 자괴감이 들끓다가 공무원 임금 평균 하락의 장본인이 나라는 생각에 미안한 마음이 들기도 한다. 전체 80퍼센트에 달하는 9급 공무원부터 시작한 최하위 공무원의 공통된 마음일 것이다.

2019년 취업 포털 잡코리아에서 취업준비생 2858명을 대상으로 공무원이 되려는 이유를 물었다. 무려 78.2퍼센트가 '안정적으로 일하기 위해서'라고 대답했고, '공무원 연금을 받기 위해서'라는 대답이 뒤를 이었다. 다행이다. 우리 후배들은 급여에 대한 기대조차 없다. 기대가 없으니 실망 또한 크지 않을 것이다. 통장의 가벼움을 감수하고서라도 행복을 중요하게 생각하며 워라밸work-life balance을 추구하는 MZ세대이기에 더욱 그럴 것이다.

하지만 이젠 급여에 대한 기대도 욕심이 아닌 듯하다. 한국경제연구원에 따르면 정년 보장 때문에 공무원의 생애 소득이 대기업보다 높다고 한다. 7급과 9급 공무원은 근로자 수 1~49명의 중소기업 취업자보다는 최대 7억 8058만 원, 300~999명 중견기업 취업자보다는 최대 4억 8756만 원, 1000명 이상 대기업 취업자보다는 누계 소득이 최대 3억 3605만 원 많은 것으로 드러났다. 시간의 힘으로 낮은 급여의 단점을 이겨낸다는 의미다.

공직 사회 특유의 직급 체계도 신규 공무원들에게 막막한 벽으로 다가온다. 그러나 이 또한 사회 조직 어디서나 존재하며, 자신의 의사와 상관없이 시간이 지날수록 직급의 피해자에서 수혜자로 변해가는 자신을 발견하게 된다.

그러나 민원 응대에서 오는 민원인과의 갈등만큼은 시간의 힘으로 이겨낼 수 없다. 연차가 쌓인다고 민원 처리 능력이 월등히 향상되는 것은 아니기 때문이다. 오히려 자신의 경험을 앞세워 때와 장소를 가리지 않고 민원인과 문제를 일으키는 트러블 메이커trouble maker를 주변에서 종종 볼 수 있다.

〈9급 공무원 합격하더니 관두고 또 시험? … 9급에도 '계급'이 있더라〉(《조선일보》 2020.02.01.)는 공무원 시험 준비생이 선호하는 근무 부처 서열이 민원 응대 횟수나 강도에 의해 결정된다는 내용을 전하는 신문 기사 제목이다. 시험을 다시 치르더라도 민원을 피하고 싶어 하는 마음을 십분 이해한다. 하지만 종류와 특성 차이가 있을 뿐이지 공직 사회 어디에서나 민원은 발생하고 그 가운데 진상 민원도 있는 것이다. 그러니 민원을 피하려고 하기보다 효율적인 민원 응대법을 배우는 편이 현명하다. 잘못된 민원 응대는 행복한 공직 생활을 이어가는 길목에 자리한 가장 큰 장애물이다.

민원인과의 갈등이 시작되었다. 이 갈등에서 민원인은 재산권과 생존권을 사수하기 위해 최선을 다한다. 자신의 이익을 위해 온갖 방법을 동원한다. 그런데 우린 어떤가? 공무원이라는 안정된 일자리에 취한 나머지 아무 생각 없이 민원 갈등 현장에 나선다. 민원인의 마음 자세에 비하면 턱없이 부족하다. 흡사 최첨단 무기에 맞서 돌도끼를 휘두르는 것과 같다.

우리는 그동안 준비 없이 갈등 상황을 마주했다. 이제라도 다양한 방법으로 민원 갈등 해결에 최선을 다해야 한다. 이렇게 하는 것이야말로 맡은 바 임무에 충실한 공무원으로서 행복의 밑그림을 완성하는 길이다.

## 02. 민원의 파도가 밀려온다

　가끔 공직 후배들과 이야기한다. 후배들의 에너지를 느낄
수 있기 때문에 그 시간을 좋아한다. 점심 시간도, 커피 한잔
하는 시간도, 저녁 술자리도 좋다. 그때마다 반복되는 주제는
민원 스트레스다. 후배들에게 직접 듣는 민원 스트레스 강도
는 상상 이상이다. 단순히 기성세대(민원인)와 MZ세대(신규 공
무원)의 차이나 개인과 지방자치단체의 특징에서 오는 갈등으

로 치부하면 안 되는 이유다.

최근 민원의 기세는 거친 파도를 연상케 한다. 여러 요인이 복합적으로 작용한 강렬한 기세는 쓰나미로 변해 우리의 마을(조직)을 집어삼키려고 한다. 공무원 대다수가 민원의 파도에서 자신들의 조직이 부서지지 않게 이끌어줄 영웅이 나타나기만 기대한다. 이런 기대에 부응하듯 지방자치단체, 공기업 차원에서 민원 해결책을 마련하고, 민원인(고객) 응대 전문가에게 연구를 맡기고 있다. 그러나 밀려오는 민원의 파도를 막아

내는 건 거대 조직과 전문가의 연구가 아니라 공무원 개개인
이다.

다시 민원의 파도가 밀려온다. 밀려오는 파도에 맞서 고군
분투하며 민원인의 감정 변화에 시시각각 대응하는 일선 공
무원의 책임이 막중하다. 그들은 공직 사회가 민원의 파도에
휩쓸리지 않도록 민원의 원인을 찾아 해결하여 파도를 잠재
운다.

## 거친 파도의 진원지는 민간 서비스의 진화다

공직 사회를 덮치는 민원의 거친 파도, 그 원인을 알기 위
해서는 민간 서비스의 진화 과정을 살펴보아야 한다. 고객 만
족CS, Customer Satisfaction은 1981년 얀 칼슨Jan Carlzon이 800만 달
러 적자였던 스칸디나비아 항공사ASA를 7100만 달러 흑자로
전환하면서 세계로 퍼졌다. 이전까지만 해도 서비스 영역에서
생산자가 소비자보다 우월적 지위를 차지하고 있었다. 그러나
고객 만족이 기업의 매출과 직결되면서 소비자와 생산자의 위
치가 뒤바뀌었다.

우리나라에서는 1992년 LG 그룹이 '고객 가치 창조'라는 이

름으로 고객 만족 개념을 처음 받아들였다. 이는 기업 문화를 경영자 중심 경영에서 고객 중심 경영으로 변화시키는 역할을 했다. 삼성의 '신경영', SK의 '고객 중심적 사고'에 이어 공기업에서도 고객 만족 개념을 본격적으로 도입하기 시작했다. 1997년 IMF 외환 위기 여파로 고객 만족 경영이 주춤한 시기도 있었다. 하지만 2000년대에 들어서며 고객 만족 경영은 고객 감동 경영으로 다시 한번 진화하며 거의 모든 기업에 고객 중심 경영이 정착되었다. 고객 감동Customer Surprise은 진화하는 고객 만족의 마지막 단계인 셈이다.

고객 만족의 진화 단계는 다음과 같이 3단계로 나눌 수 있다.

① 1단계: 고객 서비스Customer Service

고객에게 다양한 서비스를 제공하는 단계

② 2단계: 고객 만족Customer Satisfaction

고객에게 기본 서비스 외에 추가적인 서비스를 제공함으로써 고객이 만족하는 단계

### ③ 3단계: 고객 감동 Customer Surprise

고객 만족에 그치지 않고 감동적인 서비스에 고객이 깜짝 놀라는 단계

민원이라는 거친 파도의 진원지는 바로 민간 서비스의 정점인 고객 감동이다. 그동안 민간 영역에서는 '고객은 왕이다.' 또는 '고객은 항상 옳다.'라는 극단적인 표현으로 고객의 마음을 사로잡았다. 이는 매출 증대로 이어져 소비자의 지위도 상승했다. 이렇게 왕으로 등극한 소비자는 공공 영역에서 민원인이라는 지위에 만족할 수 없다. 민간 서비스에 익숙해진 소비자는 공공 서비스에서도 민간 서비스와 같은 수준을 요구하기에 이르렀다.

'우리의 궁극적인 목표는 고객을 만족시켜 돈을 버는 것이다.'보다 고객 중심 서비스를 적절히 표현한 말이 또 있을까? 매출 증대가 목적인 민간 서비스와 공정하고 신속한 행정 처리가 목적인 공공 서비스는 추구하는 방향이 사뭇 다르다. 그럼에도 1995년 6월 민선 지방자치 시대에 접어들며 사회 분위기는 민간 서비스와 같이 공공 서비스에서도 고객 만족이 목

표가 되었다. 민선 지방자치 시대에는 민원인이자 유권자인 시민의 목소리가 커지는 건 당연한 일이다. 또한 지방 분권에 맞게 시민의 욕구가 다양해지고 지역 특성을 반영하기 위해 공무원의 역할도 중요해졌다. 이에 따라 민원인은 자신들의 눈높이에 맞는 공공 서비스를 공무원에게 요구하기 시작했다.

민원의 파도가 폭풍으로 변할 수 있다는 주의보가 발령되었다. 우리에게 불리한 상황이다. 지금은 민원인이 불편 사항을 제기하기 좋은 환경이다. 민원인은 손에 든 스마트폰으로 언제든 민원을 제기할 수 있다. '국민신문고'를 이용하면 위치까지 표시된 사진을 전달할 수 있다. 담당자를 검색할 필요도 없다. 민원이 접수되면 민원배분 부서에서 담당 부서, 담당자에게 전달하고 결과를 민원인에게 알려준다. 민원인이 조금만 수고하면 담당자에게 직접 민원을 제기할 수 있다. 각 지방자치단체 홈페이지에 나온 조직도를 보고 담당 업무, 담당자 전화번호를 쉽게 찾을 수도 있다. 민원이 폭주하기 시작한다. 전산으로 접수되는 민원 외 전화민원, 대면민원 건수는 집계조차 되지 않는다. 공무원 수가 획기적으로 늘거나 민원 처리 건수가 극단적으로 줄어들지 않는 이상 공무원 한 명이 감당해야 하는 민원은 계속 증가할 것이다.

민원의 파도가 거세져 해일로 변했다는 경보가 발령되었다. 우리는 민원의 파도가 왜 거세게 밀려오는지, 진원지가 어딘지 알게 되었다. 신속히 대책을 세워야 한다. 아직 늦지 않았다. 지금이라도 노아의 방주처럼 공무원의 방주라도 만들어 폭풍우와 파도를 피해야 할 만큼 급박하다.


## 민원의 폭풍우 속에서 멋지게 살아남는 법

공무원이 된 지 얼마 안 된 9급 신규자 시절이었다.

"그 처분은 정당한 법적 절차에 따라 진행된 것입니다!"

사무실의 정적을 깨는 고성이 울려 퍼진다. 한참 전화민원을 응대하던 김 주무관의 인내심이 한계에 도달한 듯하다.

"저는 그렇게 말씀드리지 않았습니다!"

"자꾸 욕하시면 전화 끊겠습니다."

"시장한테 전화하든 감사실로 전화하든 마음대로 하세요!"

김 주무관의 호흡이 점점 거칠어지고 목소리가 올라갔다. 그렇게 전화를 끊으려는 찰나, 김 주무관의 뒤에서 차분한 목소리가 들

민원과의 갈등이 시작되었다

렸다.

"김 주무관, 흥분하지 말고 그 전화 나한테 연결해 줘."

안 과장이었다. 김 주무관의 대화를 듣고 있다가 더는 안 되겠다고 생각했는지 민원인과 직접 통화하겠다고 한 것이다. 한참 민원인의 말을 듣고 나서 안 과장은 이렇게 말했다.

"선생님께서 화나신 이유를 충분히 이해합니다. 시장이나 감사실로 연락한다고 하시니 제가 막을 수도 없겠네요. 다만 김 주무관은 제가 시킨 일을 처리한 잘못밖에 없으니 욕을 하시려면 저에게 하시고, 다른 곳에 민원을 제기하시려면 제 이름으로 말씀해주시길 부탁드리겠습니다."

그때 안 과장의 표정, 말투, 내용이 지금도 또렷이 생각난다. 그가 전화민원을 응대하자 기세등등하던 민원인은 수그러들었으며 바닥을 치던 김 주무관의 자존감이 회복되었다. 지금 생각해도 안 과장은 외부 고객과 내부 고객 모두가 감동하는 민원 응대의 최상위 모습을 보여주었다. 멋지지 않은가?

다시 민원의 파도가 밀려온다. 수십 대 일의 경쟁률을 뚫고

이 자리에 서게 된 우리의 능력을 의심하지 않는다. 이깟 민원의 파도에 휩쓸려 적응하지 못하고 허우적대리라고 생각하지 않는다. 그렇다면 한 단계 나아가 단순 적응이 아닌 멋지게 민원을 처리한다는 목표를 세우는 것은 어떤가?

사무실에서 민원인을 응대하는 후배들을 보는 재미도 쏠쏠하다. 어떤 이는 민원의 파도를 헤치며 편안하게 자유영으로 나아가고, 다른 이는 힘겹게 개헤엄으로 파도에 휩쓸리지 않으려고 노력한다. 또 다른 이는 그저 물에 가라앉지 않으려고 한시도 쉬지 않고 손발을 움직인다. 지금 우리는 민원의 바다에서 어떤 방법으로 헤쳐 나가고 있는가? 어떤 방법이 가장 효율적이라고 생각하는가? 두말할 필요 없이 신속하면서도 체력 소모가 적은 자유영식 민원 응대법이다.

일과가 끝났다. 편안하게 자유영을 펼치며 민원의 파도를 유유히 헤쳐나간 이도, 힘겹게 개헤엄으로 간신히 물에 빠지지 않은 이도, 온갖 스트레스를 받으며 허우적거린 이도 퇴근이라는 목적지에 도달한다.

민원 응대에 힘겨운 하루를 보낸 공무원이라면 이제부터라도 민원의 파도를 헤치며 나아가기 위해 민원을 응대할 역량

체력과 감정 소모가 적은 자유영식 민원 응대

체력과 감정 소모가 많은 개헤엄식 민원 응대

가라앉지 않으려는 허우적거리기식 민원 응대

을 기르고, 전략적으로 자유영식 민원 응대법을 배우자. 그런 노력이 우리를 행복한 퇴근으로 안내할 것이다. 이것이 민원의 파도를 멋지게 넘는 궁극적인 방법이다.

### 자유영식 민원 응대법의 장점 세 가지

민원 응대는 퇴근까지 정해진 거리를 자신의 방법으로 헤쳐 나간다는 점에서 수영과 비슷하다. 민원의 바다에서 공무원의 응대법은 다양하다. 자유영처럼 효율적인 방법으로 편안하게 민원 응대에 나서기도 하고 자신의 영법을 고집하며 퇴근 시간에 맞춰 모든 육체적, 정신적 에너지를 민원 응대에 쏟아붓기도 한다. 지금이라도 자유영처럼 효율적인 민원 응대법을 익혀보자. 그 장점은 다음 세 가지다.

**첫째, 빠르다**
출발 신호가 울린다. 민원의 물살을 가르며 정해진 목적지까지 혼신의 힘을 다한다. 민원 처리의 핵심은 '얼마나 빠르게 처리하느냐?'이다. 방법과 전략이 있는 자유영식 민원 응대법은 같은 시간에 더 많은 민원을 처리할 수 있다.

**둘째, 체력과 감정 소모가 적다**
가라앉지 않기 위해 모든 에너지를 쏟아붓는 개헤엄과 달리 자유영은 필요한 근육만 사용한다. 전략적인 자유영식 민원 응대법을 구사한다면 체력과 감정 소모를 최소화할 수 있다.

민원과의 갈등이 시작되었다

**셋째, 멋지다**

민원의 바다에서 파도를 가르며 유유히 헤쳐 나가는 모습을 상상해 보자. 민원인의 흥분을 가라앉히는 동시에 담당자를 감싸는 자유영식 민원 응대법을 구사한 안 과장을 생각해보자. 이런 민원 응대는 주변 동료에게 긍정적 에너지를 전달한다.

# 03. 민원인은 '갑', 공무원은 '을'?

얼마 전 사회면을 뜨겁게 달군 사건이 있었다. 갑질에 의한 경비 노동자의 죽음이다. 경비원 최 씨는 주차 관리를 위해 아파트 주민 심 모 씨의 차를 밀었다는 이유로 그에게 폭행을 당했다. 이후에도 CCTV가 없는 초소 화장실에서 코뼈가 부러질 때까지 얻어맞았다. 최 씨는 억울한 감정을 이기지 못하고 심 모 씨의 부당한 행위를 밝혀달라는 유서를 남긴 채 스스로 세상을 떠났다.

안타까운 사건이다. 그런데 가해자 심 모 씨의 태도는 여론을 더욱 들끓게 했다. 그는 주차 문제로 폭행하고 관리소장에게 경비원 최 씨를 해고하라고 겁박했지만 갑질이 아니므로 억울하다는 입장을 고수했다. '갑이지만 갑질은 하지 않았다.' 사회에서 인정하는 갑이라는 지위는 인정하지만, 자신을 방어하기 위해 갑질은 하지 않았다는 주장에 많은 사람이 분노했다.

갑을 관계甲乙關係에서 '갑'과 '을'은 흔히 계약서를 쓸 때 계약 당사자를 순서대로 지칭하는 법률 용어다. 하지만 요즘에는 상하 관계上下關係를 의미하는 단어로 변질되었다. 공무원 조직 또한 예외가 아니다. 아직도 관존민비官尊民卑(관리는 높고 귀하며 백성은 낮고 천하다는 생각)의 고리타분한 모습으로 민원인을 대하고 있지 않은지 돌아보며 스스로 반성해야 한다.

---

**빗나간 '대민작전, 격파요령'**

글을 쓰기 위해 자료를 수집하던 중 흥미로운 기사를 봤다. 1990년 한 지방자치단체에서 계장급 이상(6급, 현재는 팀장으로 일원화됨) 공무원에게 배포한 대민 지침서 관련 내용이었다. 그 책에는 '대민작전요령' 70개항, '대민격파요령' 77개항이 담겼다고 한다. 처음엔 민원 응대를 전쟁으로 인식하고 대응법을 제시했다는 사실이 신기했다. 하지만 그 내용을 보고 경악을 금치 못했다.

민원과의 갈등이 시작되었다

- 대민 접촉 요령: '상대의 열등감을 자극하라', '여성의 생리적 결함을 자극하라', '대화를 자주 중단시켜라', '욕은 연속적으로 퍼부어라', '거짓말일수록 크게 하라' 등등
- 설득의 목표와 요령: '부정의 연속타를 쳐라', '칭찬으로 초점을 흐려라', '자기 현시욕을 고무시켜라' 등등

당시 공무원이 민원인을 바라보는 시각을 단적으로 보여주는 예다. 20년 전에 작성된 내용이지만 그동안 우리가 얼마나 변했는지 자문하게 된다.

가끔 신규 공무원의 태도를 보고 깜짝 놀랄 때가 있다. 계약상 갑과 을의 관계로 연결된 업체(시공사, 용역사 등)와 통화하면서 고압적인 태도로 일관하거나 머리가 허연 아버지뻘 현장소장과 면담하면서 민망한 언행을 보이는 경우다.

신규 공무원은 공직 사회의 거울이다. 그들이 누구의 모습을 보고 배웠겠는가? 2020년 국민권익위원회에서 실시한 대한민국 부패 인식도 조사는 공무원과 민원인의 인식 차이를 여실히 보여준다.

'공직 사회가 부패하다(매우 부패+부패한 편)고 보는가?'라는 질문에 공무원은 불과 1.4퍼센트가 '그렇다'고 대답한 반면 민

원인은 무려 33.1퍼센트가 '그렇다'고 대답했다. 공무원이 부패했다는 민원인의 생각이 그대로 반영된 결과다. 공무원인 우리는 인정할 수 없지만 말이다. 더 정확히 말하면 우리는 '인지할 수 없지만' 말이다.

방송인 박명수가 자신이 진행하는 라디오 방송에서 "좋은 일을 하면 복으로 돌아오고, 갑질하면 내 새끼한테 그대로 돌아온다."라고 말했다고 한다. 자식까지 갈 것도 없다. '갑질'의 영향은 바로 우리에게 돌아온다. 고깃집에 앉아만 있어도 고기 냄새가 옷에 배는 것처럼 같은 조직에 있기 때문에 스며드는 '갑질 관행', 그 썩어빠진 관행이 민원인과 우리 사이를 틀어지게 하기 때문이다.

### '갑'과 '을'의 경계가 무너진다

'갑'은 누구?, '을'은 누구?

**① 상황 1**

나는 편의점 점주다. 시계는 새벽 2시 15분을 가리키고 있다. 문득 궁금해진다. 오늘 첫 근무 중인 알바가 제대로 일하고 있는지 말이다.

CCTV를 봤더니 아니나 다를까 핸드폰만 보고 있는 게 아닌가. 화난 마음을 최대한 억누르고 문자를 보냈다.

"첫날부터 핸드폰만 보고 있나요? 유통 기한 체크하고 일하세요."

황당한 답장이 온다. 내용은 이렇다.

"잠 안 주무시는 거 같은데 직접 와서 일하세요. 일 그만두겠습니다. 40분에 집에 갈게요."

요즘 애들 답이 안 나온다. 하지만 걱정 없다. 알바는 많다.

② 상황 2

나는 편의점 알바다. 오늘 첫 근무다. 손님이 없는 시간을 이용해 유통 기한을 체크하고 한숨 돌리려 자리에 앉았다. 시계는 새벽 2시 15분을 가리키고 있다. 잠시 핸드폰을 보고 있는데 점주한테서 문자가 온다.

"첫날부터 핸드폰만 보고 있나요? 유통 기한 체크하고 일하세요."

얼마 살지 않았지만 내 인생을 통틀어 가장 황당한 문자다. 그에 버금가는 문자를 보내야 한다. 손가락이 저절로 움직인다.

"잠 안 주무시는 거 같은데 직접 와서 일하세요. 일 그만두겠습니다. 40분에 집에 갈게요."

근래에 보기 드문 꼰대다. 하지만 걱정 없다. 알바 자리는 많다.

《오마이뉴스》(2019.01.22.) 〈"핸드폰만 보냐?" 새벽 2시 점장님의 카톡, 당신의 선택은?〉이라는 기사를 두 명의 시점으로 각색해보았다. 과연 '갑'은 편의점 점주인가? 아니면 편의점 알바인가? '갑'과 '을'의 경계가 무너지고 있다. 현대백화점은 2013년 5월 10일부터 계약서에 '갑', '을' 명칭을 사용하지 않는다. 3500여 개 협력사와 체결하는 거래 계약서에 '갑'과 '을'이란 명칭을 삭제하고 '백화점'과 '협력사'로 바꿔 사용하고 있다.

공직 사회도 변화하고 있다. 2016년 9월 28일 〈김영란법〉(부정청탁 및 금품 등 수수의 금지에 관한 법률)이 시행되었다. 여러 의미가 담겨 있지만 중요 키워드는 바로 공직 사회에 존재하는 '갑을 관계' 청산이다. '갑'의 지위를 이용한 부정 청탁 및 금품 수수를 원천 봉쇄하겠다는 뜻이다. 을(하급자)은 갑(상급자)에게 얻어먹어도 되지만 그 반대는 안 된다는 내용도 포함되었다. 또한 국민권익위원회는 〈공공분야 갑질 근절 종합대책〉(2018.07.05.)에 따라 '범정부 갑질 신고센터'를 확대 운영(2018.07.26.)하고 있다. 이 또한 공직 사회에 만연한 '갑을 관계'의 경계를 허물기 위한 노력이다.

강준만 교수는 《갑과 을의 나라》라는 책에서 "갑을 관계의 역사는 곧 공직자의 역사라고 해도 과언이 아니다."라고 말한다. "공무원들이여! 스스로에게 물어보자. 민원인과 나, 누가 '갑'이고 누가 '을'인가?" 대답하기 쉽지 않다. '갑'이라고 대답하기는 싫은데 '을'도 되기 싫다. 그러면 우리는 어떻게 해야 할까?

## '갑을 관계'를 버리면 행복하다

십간은 갑甲, 을乙, 병丙, 정丁, 무戊, 기己, 경庚, 신辛, 임壬, 계癸이다. '갑'은 '을'보다 앞선 순서일 뿐이다. 하지만 이를 상하 관계로 받아들이면 '갑'에게 희생되는 '을'을 낳고, '을'에게 희생되는 '병'을 낳고, '병'에게 희생되는 '정'을 낳는다. 우리는 어떤가? 민원 응대 시 정리되지 않은 '갑'과 '을'의 미묘한 관계 때문에 응대 시간이 길어지는 경우가 있다. 그리고 길어진 시간 만큼 감정을 소모한다.

이런 갈등의 시작은 민원인과 우리의 '본전 확보 심리' 때문이다. 민간 서비스에 익숙해진 민원인은 '내가 당신 회사 제품을 얼마나 사줬는데 소비자인 나한테 이런 대우를 할 수 있느냐?'는 '본전 확보 심리'를 가지고 공공 분야로 넘어오면서 새롭게 변신한다.

　"내가 낸 세금으로 월급 받는 공무원이 어떻게 나한테 이런 대
접을 할 수 있어?"

　우리가 가장 듣기 싫어하는 말이지만 가장 많이 듣는 말이
다. 속이 부글부글 끓는다. 한마디 내뱉고 싶지만 목구멍에서
맴돈다. 그러면서 우리도 본전 확보 심리를 발동한다.

　"내가 저런 사람한테 욕먹으려고 노량진에서 컵밥 먹으며 버틴
줄 알아?"

　서로의 '본전 확보 심리'가 발동하면 민원인과의 갈등은 장
기화된다. 시간이 길어질수록 체력이 소진되고 사기도 떨어진
다. 결국 우리를 기다리는 건 지치고 쇠약해진 몸과 마음이다.
다시 생각해보자. 이 세상에 태어날 때 우리는 빈손으로 왔다.
애초에 본전이란 건 존재하지 않는다. 지금부터 우리만이라도
'본전 생각'을 폐기하는 건 어떤가? 그리고 '갑을 관계'에서 벗

어나자. '갑'과 '갑'이 만나면 치열하지만, 그런 틀을 깨면 관계가 부드러워지고, 민원 처리 시간, 감정 소모를 확연히 줄일 수 있다.

### 시원한 캔커피로 '갑을 관계'를 녹이다

면사무소 토목 담당으로 근무하던 2012년 더운 여름날이었다. 시에서 발주한 여러 공사가 진행되고 있었고, 그중 한 곳을 방문하기 위해 현장 소장에게 전화했다.

"소장님, 현장 방문하려고요. 혹시 몇 분이 함께 계시죠?"

날씨가 너무 더워 시원한 음료수나 캔커피를 사가지고 가려고 했다. 현장에 도착해서 소장에게 캔커피를 건넸을 때 들은 말이 아직도 생생하다.

"10년 넘게 관공사를 했지만, 발주처 공사 감독이 직접 캔커피를 사가지고 온 건 처음입니다."

공사는 별 탈 없이 잘 마무리되었다. 이후 공적으로 만난 적이 없지만 그와 나는 지금도 유쾌한 관계를 유지하고 있다. 이와 같이 경직된 '갑을 관계'를 녹이는 자신만의 방법을 만들면 어떨까? 아주 사소한 변화라도 분명 효과를 거둘 수 있을 것이다.

## 04. 고객 만족CS 교육에서 빠진 두 가지

'고객 만족 교육'은 쉬는 시간

"다들 졸리시는 것 같은데 몸 좀 풀고 시작하겠습니다."

고객 만족 강사의 카랑카랑한 목소리에 모두가 자리에서 일어난다. 목을 이리저리 돌려보고 손뼉도 쳐보며 졸음을 쫓는다. 그리고 교육이 이어진다.

"인사는 90도로 해야 합니다."
"웃는 얼굴에 침 못 뱉어요. 웃어보세요."
"웃을 때는 입꼬리가 동일한 높이로 올라가야 합니다."

교육 초반에 스트레칭을 했는데도 교육생 절반이 어제의 과음 때문인지, 야근 때문인지 꾸벅꾸벅 졸고 있다.

열정을 담아 강의하는 강사와 교육 내용을 폄하하고 싶지 않다. 공무원이 대상인 교육의 일상적인 풍경이기 때문이다. 내부 교육 특성상 진급을 위한 교육 시간 확보 목적으로 대부분이 자신의 의지와 상관없이 참여하는 것이 문제다.

"공무원 대상 강의가 가장 힘들어요."

우리가 교육에 참석할 때마다 강사들이 하는 말이다. 나 역시 내부 강사 활동을 할 때 여실히 느끼는 부분이다. 그러면서도 다른 한편으로는 '일과 시간 중 업무와, 민원에 시달리는데 교육받을 때만이라도 좀 쉬고 가면 또 어떤가?'라는 마음도 생긴다. 하지만 고객 만족 교육만은 쉬는 시간이 되어서는 안 된다. 단순 친절 교육으로 전락한 현재 교육을 재평가해야 한다.

공무원들은 전국 각지에서 지금도 민원인을 응대하며 고군분투하고 있다. 완벽하게 준비된 민원인의 요구에 속수무책으로 당하다 보면 우리의 시간과 감정은 서서히 고갈된다. 이젠 벗어나야 한다. 올바른 고객 만족 교육으로 완벽하게 준비하고 새로운 전략을 구사하는 공무원으로 변신해 민원인과의 갈등 상황에서 벗어나야 한다.

고객 만족 교육의 범위는 넓게 보면 공직자가 갖춰야 할 '청렴', '친절', '서비스 개념'을 모두 포함한다. 마치 종합영양제 같은 역할을 한다. 그런데 광범위하게 공직 마인드를 아우르는 고객 만족 교육이 왜 공직 사회에서 친절 교육으로 전락하여 단순 휴식 시간으로 치부되는 것일까? 민간 서비스 분야에서 공공 분야로 옮겨진 고객 만족 교육에 우리가 흥미를 느끼지 못하는 이유는 두 가지가 빠졌기 때문이다.

## 첫 번째, '우리'가 빠졌다

누구를 위한 전화 친절도 조사인가?

전화벨이 울린다. 대면민원 응대 중이라서 조금 늦게 전화를 받았다.

"늦게 받아 죄송합니다. 도로관리과 한상필입니다."

"네, 괜찮습니다."

유난스러운 민원인 같으면 약간이라도 짜증을 낼 만한 상황이지만 다행스럽게 모든 걸 이해한다는 말투의 민원인이다. 감사하는 마음으로 전화응대를 시작한다. 그런데 이상하다. 시간이 지날수록 안 좋은 느낌이 든다. 뭔가 평가받는 느낌. 그제야 머릿속 생각이 정리된다.

맞아! 전화 친절도 조사 기간이었지…….'

전화 친절도 조사는 지방자치단체가 외부 전문 업체와 계약을 맺고 조사원이 민원인인 것처럼 가장하여 각 부서 담당자들에게 전화를 건 뒤 친절도를 평가하는 것이다. 철저하게 익명성이 보장되기 때문에 부서 담당자들은 어떤 통화가 전화 친절도 조사인지 알 수 없다. 조사 후 내부 게시판에 부서별 친절도 순위가 올라온다. 우리는 게시판을 보고서야 조사가 있었다는 사실을 확인한다.

과연 누구를 위한 친절도 조사인가? 적어도 그 안에 '우리'는 빠졌다. 우리는 출근해서 친절도 조사 전화를 받기 전까지 민원 전화에 시달리고 있었다. 지쳤다. 조사 전화를 받는 순간에도 사무실로 찾아온 민원인을 응대하고 있었다. 그 민원인을 뒤로한 채 가짜 민원 전화를 받아야 하는 불합리한 상황이 펼쳐진다. 전화 친절도 조사 전문 업체에 지출하는 비용도 만만치 않을 것이다. 여러모로 이해할 수 없다.

지금이라도 고객 만족 교육에 '우리'를 담아내야 한다. 민간 서비스에 특화된 강사를 초빙하기에 앞서 내부 강사 양성 과정을 활성화하는 건 어떤가? 특히 민원 응대 분야는 더욱 절실하다. 우리 동료이자 선배가 강사라면 그들이 하는 이야기는 어제 우리가 겪었고, 내일 겪게 될 생생한 경험 그 자체다. 민원은 상황에 따라 시시각각 변한다. 그래서 그들의 민원 해결 방식이 우리 앞에 놓인 민원을 해결하는 답이 아닐 수도 있다.

하지만 분명 거기에는 우리의 시각, 우리의 이야기가 녹아 있다. 그것만으로도 우리가 민원인을 대하는 행동에 변화를 이끌어낼 가능성이 커진다.

## 두 번째, '동기'가 빠졌다

공무원은 국민 전체의 봉사자로서 친절하고 공정하게 직무를 수행하여야 한다.

−⟨국가공무원법⟩ 제59조(친절·공정의 의무)−

"국가의 녹祿을 먹으며 이렇게 일해선 안 됩니다." 2017년 국정감사 중 나온 어느 국회의원의 발언이다. 민원 응대 중 감정이 격해진 민원인에게 가장 많이 듣는 말이기도 하다. 맞는 말이다. 하지만 와닿지 않는다. '친절'은 공무원의 의무로 법에 규정되어 있다. 우리는 공무원이기 때문에 한 차원 높은 고객 만족을 위해 노력해야 한다. 하지만 그게 쉽지 않다. 그 이유는 무엇일까?

'동기'가 없기 때문이다. '숭고한 공무원 정신과 법적 의무라는 동기가 있는데 무슨 말을 하느냐?'고 반문하는 이도 있을 것

민원과의 갈등이 시작되었다

이다. 그러나 그런 고귀하고 숭고한 동기가 고객 만족을 위한 우리의 행동을 얼마나 변화시켰을까?

다행스럽게도 최근 여러 지방자치단체에서 동기 부여를 위해 다양하게 노력하고 있다. 친절 공무원을 선정하여 포상하거나 친절한 민원 응대를 받은 민원인 이야기를 모범 사례로 게시판에 옮겨 칭찬을 유도하여 우리를 자극하기도 한다. 외재적 동기를 부여하는 이런 노력들은 단발성으로 끝나면 안 된다. 또한 공직자로서 고객 응대 마인드를 긍정적으로 지속하기 위해서는 내재적 동기 부여가 중요하다.

하버드대학교 심리학과 교수인 대니얼 샥터Daniel L. Schacter는 《심리학 개론》이라는 책에서 인간은 외재적 동기보다 내재적 동기로 인해 활동성을 유지한다고 말한다. 내재적 동기가 더 열심히, 더 즐겁게, 더 창의적으로 일하게 한다는 주장이다.

외재적 동기 vs 내재적 동기

① **외재적 동기**|extrinsic motivation
외적 보상이나 처벌과 같이 외적 결과를 충족하기 위하여 특정한 행동을 하려는 동기

　지금부터 나는 '시간 얻기'와 '감정노동으로부터 해방(감정
소모 최소화)'이라는 확실한 내재적 동기 두 가지를 제시하고자
한다. 내가 경험을 통해 축적한 효과적인 민원 응대법을 익히
고 실행한다면 누구나 이 두 가지 내재적 동기를 얻게 되리라
고 확신한다. 이를 통해 여러분은 지금보다 더 즐겁고 창의적
인 공직 생활을 할 수 있게 될 것이다.

# 생각비행에서
# 만든 책들

상상의 나래를 펴자!
책으로 꿈꾸는 생각의 혁명!

**이메일** | ideas0419@hanmail.net
**블로그** | www.ideas0419.com
**전화** | 02-3141-0485
**팩스** | 02-3141-0486
**주소** | 서울시 마포구 월드컵북로 132, 402호

생각비행

## "급변하는 세계 금융경제 환경에서 투자의 중심을 잡아주는 임경 교수의 투자 3부작!"

### 돈은 어떻게 움직이는가? (5판)

코로나 시대, 금리와 환율의 긴밀한 연결고리

임경·권준석 지음 | 30,000원

우리나라가 외환위기와 글로벌 금융위기를 이겨낸 경험을 토대로 코로나 위기를 다른 나라들보다 잘 견디고 있지만 방심할 수 없다. 순간의 실수로 외환위기나 글로벌 금융위기보다 더 큰 위기에 봉착할 수 있다. 시시각각 변하는 세계 금융경제 환경에서 우리의 위치와 지향점을 생각하며 점검해야 한다.

### 환율은 어떻게 움직이는가?

미래를 예측하는 환율전략

임경 지음 | 20,000원

화폐전쟁, 통화전쟁에서 환율전쟁으로 이어지는 세계는 탐욕과 공포의 전쟁터다. 글로벌 경제의 발전이라는 그럴듯한 명분을 내세우지만, 그 뒤에는 자국의 이익을 극대화하려는 실리가 숨어 있다. 모든 환율전쟁에는 손익을 다투는 전투가 일상이며, 매일 벌어지는 이 전투에서 손해를 보지 않으려는 각국의 의도가 드러난다.

• 2020 세종도서 교양부문 선정도서

### 투자를 위한 생각의 틀

성공과 실패를 가르는 금융·경제 지식

임경·하혁진 지음 | 30,000원

복잡하고 불확실한 세상에서 투자에 대한 공부가 필수인 시대가 되었다. 하지만 신문과 뉴스, 각종 서적, 인터넷 등을 통해 실시간으로 쏟아지는 투자 정보와 금융상품의 동향을 개인투자자들이 습득하며 공부하기란 쉽지 않다. 이 책은 투자자가 중심을 잡고 자신의 투자전략을 세울 수 있도록 안내하는 금융·경제 내비게이터다.

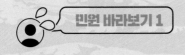

(18년 차, 해양수산 분야, 문○○ 팀장)

## "초기 진화에 실패하면 확산은 불가피하다"

코로나로 인한 사회적 거리두기를 실천하기 위해 공직 사회 역시 재택근무를 시행하고 있다. 재택근무 중인 직원 책상에서 전화가 울린다. 민원인이다. 전화를 대신 받은 다른 팀 직원은 담당자가 자리에 없다는 사실을 확인하고 민원인에게 출장 중이라고 이야기했다. 재택근무가 완전히 자리 잡은 요즈음이라면 행정 전화 착신은 기본이지만, 시행 초기에는 이런 문제가 종종 있었다. 우리는 이해한다. 팀을 중심으로 로테이션 운영되는 상황에서 다른 팀 직원의 재택근무 여부까지 파악하기란 쉽지 않다. 하지만 민원인은 그렇게 관대하지 않다. 담당 직원이 재택근무 중이라는 사실을 알게 된 민원인은 출장이라고 답변한 부분을 문제 삼아 끊임없이 민원을 제기한다. 그와 동시에 자신이 낭비한 통화료 300원을 요구한다. 어처구니없는 상황이지만 헛웃음으로 넘겨서는 안 된다. 그 순간을 민원의 불꽃이 발화하는 시점으로 인지해야 한다.

초기에 진화하지 못한다면 전방위적 확산을 막을 수 없다. 내가 이런 상황을 알게 된 건 민원인이 담당 직원이 아닌 팀장의 사과를 요구했기 때문이다. 민원인 때문에 스트레스를 받은 직원을 생각해서 난 민원인에게 정중한 사과와 함께 사비로 300원을 입금했다. 하지만 한번 타오른 불길은 쉽게 진화되지 않는다. 분노를 동반한 민원의 불길은 더욱 그렇다. 300원을 받고서도 민원인은 담당 직원을 향해 압박을 계속한다. 불길의 확산은 현재진행형이다.

만약 발화 시점에 진화했다면 사태가 이렇게까지 확산되지는 않았을 것이다. 초기 진화에 실패하면 확산은 불가피하다. 하지만 경험이 많지 않은 신규 공무원이 민원의 불꽃이 발화하는 시점을 포착하기란 쉽지 않은 일이다. 그래서 선배의 세심한 관찰이 필요하다. 간섭과 통제가 아닌 따뜻한 관찰이 공직 사회의 결속을 다진다. 선배의 관찰과 적절한 개입은 자칫 딱딱해지기 쉬운 직장 생활을 부드럽게 해주는 힘이 있다.

# PART 2

# 민원인과의
## 갈등,
## 극복해야
## 하는 이유

민원이 제기되면 공무원은 대응對應하거나 응대應待한다. 대응은 민원인과 맞서는 자세이고 응대는 민원인을 접대하는 자세다. 대응 자세는 민원인과 적대적 관계를 형성하여 시간과 감정을 소모하게 한다. 그러므로 민원은 응대하는 자세로 해결해야 한다.

그렇다면 민원 극복의 기준은 무엇일까? 민원인을 논쟁으로 이기고, 큰 목소리로 제압하는 것이라고 생각한다면 착각이다. 그런 행위로 일시적인 쾌감을 맛볼 수 있을지 모르지만 다른 내·외부 민원을 촉발하여 소모적 대립으로 이어진다. 민원 극복의 기준은 '응대 시간 단축'이어야 한다. 이를 통해 우리는 '시간 얻기'는 물론 '감정노동으로부터 해방'을 맛볼 수 있다. 민원 극복 기준의 변화는 다른 곳에서 민원인과 갈등을 겪고 있는 동료에게 해결 방안을 제시하는 긍정적 역할을 한다.

이제 민원 극복의 기준과 동기가 명확해졌다. 시간을 얻든지 시간에 쫓기든지, 평화로운 마음을 유지하든지 감정노동에 지쳐 허덕이든지, 우리의 선택만 남았다. 민원인을 응대하는 시간을 줄이고 평화로운 마음을 유지하며 공직 생활을 이어가는 선택 말이다.


## 05. 시간 단축이 기준이다

2021년 민원 발생량은 총 1465만 26건이었다. 이는 전년대비 20.7퍼센트 증가한 결과다. 그중 53퍼센트(775만 5364건)가 민원 소통의 최일선인 지방자치단체로 접수되었다. 지방자치단체로 민원이 쏠리는 현상이 일어나고 있는 것이다. 집계 가능한 '국민신문고 및 민원 창구'를 통해 접수된 현황이며 전화민원과 대면민원을 포함하지 않았는데도 이 정도니, 과히 민원의 홍수라 표현해도 과하지 않을 듯하다.

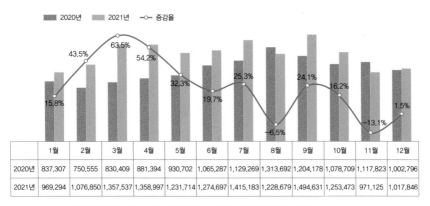

〈민원 추이〉

■ 2020년  ■ 2021년  ─○─ 증감율

| | 1월 | 2월 | 3월 | 4월 | 5월 | 6월 | 7월 | 8월 | 9월 | 10월 | 11월 | 12월 |
|---|---|---|---|---|---|---|---|---|---|---|---|---|
| 2020년 | 837,307 | 750,555 | 830,409 | 881,394 | 930,702 | 1,065,287 | 1,129,269 | 1,313,692 | 1,204,178 | 1,078,709 | 1,117,823 | 1,002,796 |
| 2021년 | 969,294 | 1,076,850 | 1,357,537 | 1,358,997 | 1,231,714 | 1,274,697 | 1,415,183 | 1,228,679 | 1,494,631 | 1,253,473 | 971,125 | 1,017,846 |

\* 2021년 민원 발생량은 총 14,650,026건, 전년(12,142,121건) 대비 20.7% 증가
\* 9월 발생량이 가장 높고, 8·11월을 제외하고 모두 전년 동기 대비 증가
자료: 《빅데이터로 보는 국민의 소리》, 국민권익위원회, 2022.01.13.(비공개 민원 제외)

이 치열한 현장에서 우리는 민원을 어떤 눈으로 바라보고 있을까? 민원이 제기되면 공무원은 응대하느냐, 대응하느냐로 반응한다.

얼핏 보기에 같은 의미라고 생각할 수 있지만 응대의 待는 '기다릴 대', 대응의 對는 '대할, 마주할 대'이다. 한자漢字의 차이와는 비교도 안 될 정도로 민원 현장에서 기다림과 맞섬의 차이는 크다. 민원이 제기되면 어떤 방식으로든 종료(해결)된다. 우리는 결과가 아닌 '과정'에 주목해야 한다. 종료(해결) 과정에서 대응 지수에 비해 응대 지수가 높을수록 우리 몸과 마음의 피로는 감소하고, 민원인의 만족도는 상승한다. 그러니 민원은 대응보다 응대의 자세로 해결해야 한다. 그렇다면 응대를 통한 민원 극복의 기준은 무엇일까?

"네 감사합니다. 도로과 윤 주무관입니다."

(시간이 지날수록 논쟁이 그치지 않는다. 처음 전화를 받았을 때의 밝은 목소리와는 다르게 점점 가라앉는다.)

"네. 네. 언제든지 찾아오셔도 됩니다."

(누가 들어도 비꼬는 말투다.)

"네. 네. 지금 화장실이 급해서 전화 끊겠습니다."

(핑계를 대고 급하게 전화를 끊는다.)

민원인과의 갈등, 극복해야 하는 이유

그렇게 민원 상담이 종료되었다. 과연 윤 주무관은 민원을 해결한 것일까? 결론부터 말하면 그렇지 않다. 응대 지수는 거의 '0'에 가깝다. 일방적으로 전화를 끊고 난 상태로 상황이 끝났다면, 강경한 방법으로 비교적 빠른 시간에 민원을 극복했다고 보는 사람도 있을 것이다. 하지만 이후 전개된 상황은 응대 지수 0의 결과가 어떻게 나타나는지 여실히 보여준다.

얼마 후 민원인은 감사 부서로 전화한다. 그리고 그는 민원 응대의 불성실한 태도에 대한 징계를 요청한다. 윤 주무관은 감사실로 호출되어 경위서를 작성한다. 분이 풀리지 않은 민원인은 여기서 멈추지 않는다. 국민신문고에 〈민원인을 농간한 윤 주무관 징계를 요청합니다.〉라는 제목으로 다시 민원을 제기한다. 담당 과장이 직접 사과하여 사태를 일단 진정시키고 윤 주무관은 사죄하는 내용의 답변을 국민신문고에 작성한다. 한순간의 회피로 인해 치러야 하는 대가가 너무 크다. 3분 안에 처리해야 할 전화민원을 장장 1박 2일에 걸쳐 해결한 셈이다.

응대를 통한 민원 극복 기준은 결국 '시간 단축'이다. 얼마나 신속하게 민원을 처리할 수 있는지, 민원인과의 접촉 시간을 얼마나 단축할 수 있는지가 관건이다.

## '하루 60분'

우리가 하루에 처리하는 민원은 몇 건일까? 정확한 집계는 불가능하다. 지방자치단체, 소속 부서, 고유 업무 등에 따라 다르고 전산으로 접수되는 민원 외에 전화민원과 대면민원은 통계에 산정되지 않기 때문이다. 기준을 잡기 위해 한 사람이 1일 20건의 민원을 처리한다고 가정해보자.

1(일) × 20건(처리 건수) × 10분(건당 처리 시간) = 200분

우리는 하루 200분이라는 시간을 민원 처리에 쓴다. 하루 20건의 민원 응대 건수는 변하지 않는다. 총 소요 시간을 단축하기 위해서는 건당 처리 시간을 줄여야 한다. 이 시간을 3분 줄인다면 어떨까?

1(일) × 20건(처리 건수) × 7분(건당 처리 시간) = 140분

이렇게 하여 우리는 '하루 60분'을 얻는다. 일 년이면 개인 연가 일수에 상응하는 소중한 시간을 민원 응대 처리 시간을

민원인과의 갈등, 극복해야 하는 이유

단축하여 얻을 수 있다.

## 감정노동에서 해방

민원 극복에 대한 보상은 시간만이 아니다. 감정노동에서 벗어나는 것이다. 응대 시간 단축으로 얻은 하루 60분 동안 민원인의 불만, 요구 사항을 듣지 않아도 되고, 그에 대한 처리 방법을 고심할 필요도 없다. 민원 처리 응대 시간이 길어지면 길어질수록 민원 내용이 부정적으로 흐른다. 민원인의 부정적이면서 날카로운 민원 내용은 우리 마음을 피폐하게 만든다.

사람은 부정적인 사건에 민감하게 반응하고 본능적으로 부정적인 경험을 실제보다 과장하여 생각하는 경향이 있다. 이를 '부정 편향negativity bias'이라고 하는데, 긍정적인 사건보다 약 세 배 민감하게 반응한다. 여기서 주목해야 할 점은 우리가 몸을 다쳤을 때 고통을 느끼는 뇌 부위가 부정적 표현에 의해 피로감을 느낄 때 똑같이 고통을 느낀다는 사실이다.

2003년 나오미 아이젠버거Naomi Eisenberger 캘리포니아주립대학교 심리학과 교수 연구팀은 신체적 고통과 감정적 상처를 사람의 뇌가 어떻게 처리하는지에 대한 연구를 진행했다. 연구팀은 세 명이 공을 주고받는 비디오 게임을 진행하며 두 사람이 공을 주고받으며 의도적으로 한 사람을 따돌린 다음 따돌림당하는 사람의 뇌 반응을 체크했다. 그 결과 신체적 고통을 처리하는 '배측전방대상피질DACC'이 따돌림으로 정신적 고통을 겪을 때도 똑같이 활성화된다는 결과를 얻었다. 또한 2011년 에드워드 스미스 컬럼비아대학교 생리학과 교수 연구팀은 '이별을 경험한 40명에게 각각 헤어진 연인의 사진을 보여주자 팔에 뜨거운 것이 닿았을 때와 같은 부위가 뇌에서 활성화됐다.'는 연구 결과를 발표했다.

이와 같이 감정노동은 마음을 피폐하게 하고 동시에 육체적 고통으로 이어진다. 황폐해진 몸과 마음으로는 민원인을 상대하기 어렵다. 그러나 우리는 매일 감정노동에 시달리는 생활을 반복한다.

이제 이런 악순환의 고리를 끊어야 한다. 그러기 위해 민원 극복을 위한 여러 방법을 이용해야 한다. '하루 60분 감정노동에서 해방'되기 위해 우리는 민원인과 대립이 아닌 극복을 선택해야 한다.

# 06. 공무원이여! 시간을 지배하라

우리는 24시간, 즉 1440분을 가지고 하루를 시작한다. 최근 '공정'의 가치가 부각되고 있는데, 시간만큼 공정한 것도 없다. 남녀노소, 재력의 차이 등을 불문하고 누구에게나 같은 시간이 주어진다. 우리가 민원을 현명하게 극복한다면 그 속에서도 하루 60분이라는 시간을 추가로 얻을 수 있다.

현명한 민원 극복으로 추가 시간을 얻었다면 효율적으로 이용하는 계획을 세우는 편이 좋다. 길게는 일 년, 한 달, 짧게는 일주일, 하루에 얻은 시간을 활용할 수 있는 자기계발 계획을 세우길 권한다. 계획 수립은 목표를 뚜렷하게 하고, 집중력을 상승시키며, 행동을 이끌어내는 마법 같은 힘을 가지고 있다.

**목표의 힘**

대학 졸업 후 건설 회사에 입사하여 현장 기사로 근무하던 시기였다. 대규모 주상복합 건설 현장에서 신입 기사가 맡는 일은 현장 정리가 유일했다. 한 층의 콘크리트 타설이 끝나면 그 층에 남은 자재와 폐기물 정리는 인력으로만 가능했다. 1층 정리 작업을 하루에 끝낸다는 계산으로 4명의 일용 근로자를 투입했다. 그런데 예상과 달리 일과 시간 종료인 5시까지도 일이 마무리되지 않았다. 다음 날, 다시 4명을 투입하고서야 정리 작업을 마칠 수 있었다. 의아했다. 내 짧은 경험과 생각으로도 1층 정리 작업에 8명이나 투입할 일은 아니라고 봤기 때문이다. 직장 선배에게 이런 고민을 이야기했다. 선배는 기다렸다는 듯 이렇게 말했다.

"한 기사, 야리끼리 한번 해봐!"

'야리끼리'란 공사 현장에서 통용되는 용어로 인부들에게 하루 작업량을 제시한 뒤 정해진 일이 끝나면 바로 퇴근하게 하는 방식이다. 나는 '설마 되겠어?'라고 생각했다. 그렇다고 손해 볼 일은 없었다. 그래서 2층 정리 작업에 1층과 같이 인부 4명을 투입하고 다음과 같이 말했다.

"오늘 작업 목표는 2층 정리입니다. 끝나는 대로 일당을 지급해드립니다. 그리고 바로 퇴근하셔도 좋습니다."

19년 전 일이지만 아직도 기억이 생생하다. 4명이 이틀에 걸쳐 마무리해야 했던 일을 5시가 아닌 오후 3시에 마칠 수 있었다. 그것도 훨씬 깔끔하게.

하루 일과를 시작하기 10분 전, 그날의 계획을 세우는 건 어떨까? 한 주를 시작하는 월요일 아침에 일주일 계획을 세우는 건 어떨까? 한 달을 시작하는 첫날에 한 달 계획을 세우는 건 어떨까? 계획은 목표에 도달하는 최단 거리로 우리를 안내하

민원인과의 갈등, 극복해야 하는 이유

여 비생산적인 활동과 쓸데없는 행동을 원천 봉쇄한다. 계획하는 사람이 시간을 지배할 수 있다.

### 걱정은 사무실에 두고 퇴근하자

현재 세 아이의 엄마로, 나와 함께 사는 파이팅 넘치고 열정 가득한 왕 주무관의 10년 전 일상은 다음과 같았다.

퇴근하는 왕 주무관의 손이 무겁다. 한짐이다.
"뭘 그리 싸들고 가?"
궁금해서 물었다.
"오늘 들어온 민원인데 처리를 못해서요. 집에 가서 고민 좀 해 보려고요."
그녀는 민원 서류, 법령집, 각종 지침서 등을 들고 있었다.

흡사 낮에 뜨는 별처럼 엄청난 빛과 에너지를 보이지 않는 곳에서 발산하고 있었다. 심각한 에너지 낭비가 아닐 수 없다. 당일 민원이나 업무가 완료되지 않은 상태에서 퇴근할 때가 있다. 아니 오히려 그런 날이 더 많다. 그렇더라도 미해결 민원, 진행 중인 업무, 그로 인한 걱정 등은 모두 사무실에 두고 퇴근하는 연습을 해야 한다.

심리학자 어니 젤린스키Ernie J. Zelinski는 《모르고 사는 즐거움》이라는 책에서 이렇게 말한다.

"걱정의 40%는 절대 현실로 일어나지 않고, 걱정의 30%는 이미 일어난 일에 대한 것이고, 걱정의 22%는 사소한 고민이고, 걱정의 4%는 우리 힘으로는 어쩔 도리가 없는 일에 대한 것이고, 걱정의 4%만이 우리가 바꿔놓을 수 있는 일에 대한 것입니다."

그의 말을 빌리자면 우리가 고민하는 걱정의 96퍼센트는 불필요한 것이고, 단 4퍼센트만이 의미 있는 것이다. 그 4퍼센트를 위해서 우리의 소중한 저녁 시간, 여유로운 삶을 포기할 것인가? 민원 극복은 오전 9시부터 오후 6시까지만 허락된 것이다. 공公적인 일을 더는 사私적인 삶에 끌어들여선 안 된다. 퇴근과 동시에 잊어버리고, 출근과 동시에 소환하는 효율적인 방법을 연습해야 한다.

물론 쉽지 않다. 어렵지만 한 단계씩 놓는 연습을 해보자.

퇴근과 동시에 업무와 걱정을 모두 서류 가방에 담아 손에서 놓는 과정, 더 나아가 일과 삶을 분리하는 최종 단계인 마음에서 놓는 과정을 익히자. 그러면 우리는 업무에 쫓기지 않고 자유롭게 여유를 즐기는 시간의 지배자가 될 수 있다.

## 독서를 해야 하는 세 가지 이유

각종 민원이 쏟아지는 치열한 현장에서 현명한 대처로 '하루 60분'을 얻은 동료가 이 시간의 투자처를 찾고 있다면 나는 주저 없이 '독서'를 권한다. 독서의 중요성은 대부분 공감한다. 다만 행동으로 이어지지 않을 뿐. 이해한다. 독서 말고도 세상엔 재미있는 것이 너무 많다. SNS와 시선을 자극하는 동영상 등등. 하지만 투자는 수익을 목적으로 하고 미래 가치를 바라는 것이기에 '일시적 재미'보다 '장기적 양식'인 독서에 투자하는 편이 현명하다.

독서에 투자하면 다른 사람들의 다양한 경험을 얻을 수 있고 부동산이나 주식 투자처럼 손실 구간도 없다. 또한 독서를 통해 쌓은 지식과 내공이 공직 생활과 그 이후의 삶에 큰 도움을 준다.

우리는 현명한 시간 투자자가 되어야 한다. 다시 강조하지만 가장 효율적인 시간 투자처는 독서다. 우리가 독서에 투자해야 하는 세 가지 이유가 있다.

① 우리는 독서에 최적화된 환경에 있다

공직 사회는 책을 가까이할 수 있는 최적의 환경을 제공한다. 경기도청 내부에는 중규모 이상의 도서관이 두 곳 있으며, 화성시는 직원을 대상으로 도서관 대출 서비스를 대행한다. 직원이 원하는 책을 신청하면 관련 부서에서 도서관 대출 후 직원에게 전달하는 시스템이다. 매년 지급되는 복지 포인트로 온갖 종류의 책을 살 수 있다. 우리를 위한 독서 여건이 완벽하게 마련되어 있다. 우리는 여기서 한 발만 움직이면 된다.

② 시간은 우리 편이다

공직 사회가 변하고 있다. 저녁이 있는 삶을 지향하며 9-6 nine to six 외 모든 시간을 지극히 개인적인 것으로 용인한다. 특별 휴가, 연가 등의 사용도 자유롭다. 얼마 전까지만 해도 특별 휴가를 사용하는 하급자가 눈치 없다는 이유로 질타의 대상이 되곤 했다. 하지만 지금은 특별 휴가 사용을 질타하는 상급자는 거의 없다. 게다가 우리는 민원 응대를 극복하여 '하루 60분'이라는 시간을 얻지 않았는가? 전업 작가 또는 웬만한 독서광이 아닌 이상 우리만큼 독서에 집중할 여건을 확보하긴 쉽지 않다. 독서하는 출발선 자체가 다르다. 자! 이제 책을 향해 달려갈 준비가 되었는가?

③ 우리가 정년을 정한다

정년 보장은 양날의 검이다. 직업 안정성은 한없는 평온함을 주지만 자기계발을 위한 동기를 감소시켜 독서 의욕을 떨어뜨린다. '정년 보장'이 우리를 평생 지켜줄 것 같지만 백세 시대를 말하는 요즘, 보장 기간은 고작 60세까지다. 설상가상으로 공무원연금법 개정으로 연금 개시일은 65세부터다. 절박함을 느껴야 한다. 독서를 매개로 반전이 필요하다.

우리의 경험은 스스로 생각하는 것보다 특별하다. 매일 쳇바퀴 도는 업무 같지만 그렇지 않다. 우리는 다양한 분야에서 특별한 경험을 쌓아가고 있다. 우리만이 알 수 있는 정보로 국가, 광역시, 기초 지방자치단체 등에서 정책을 추진한다. 외부에서는 알 수 없는 독특한 세계인 셈이다. 공무원 생활로 얻은 특별한 경험에 독서로 접한 다양한 경험이 더해지면 엄청난 시너지를 발휘할 수 있다. 재직 중 자기계발, 승진 등의 기회를 제공할 뿐 아니라 은퇴 후 강의, 컨설팅 등 다양한 활동으로 이어갈 수 있는 발판이 된다. 현재 우리의 일은 정년을 보장하지만 앞으로 할 수 있는 일의 정년은 우리가 정하기 나름이다.

나는 '책을 읽지 않는 사람이 시간을 낭비한다.'는 말에 적극 동의한다. 시간 투자자가 될 것인가? 아니면 시간 낭비자가 될 것인가? 독서가 그 경계점을 제시한다.

## 07. 공무원의 이면, 극한 감정노동자

'보성군, 근로자의 날 공무원 특별휴가 첫 시행'

(《Break News》, 2020.04.26.)

근로자의 날은 매년 5월 1일 근로자들의 근무 의욕을 높이

민원인과의 갈등, 극복해야 하는 이유

기 위해 제정된 공휴일이다. 그러나 근로기준법상 공무원은 근로자에 해당하지 않기 때문에 해당 사항이 없다. 근로자의 날 공무원 특별 휴가 시행이 신문 지면을 장식할 정도로 화제가 된 것은 이런 이유에서다. 근로자로 인정받지 못하는 현실에서 감정노동자*로 인정받는다는 건 어쩌면 허황한 꿈일지 모른다. 하지만 공무원은 감정노동자가 맞다. 그것도 인정받지 못하는 극한 감정노동자다.

민간 서비스의 '고객 감동'은 매출 증대로 이어진다. 하지만 간과한 것이 있다. 기업은 고객에게 감동을 주고, 매출 증대 효과를 얻었지만 직원들에게 웃음과 친절을 강요하며 그들 마음 한 켠에 감정노동이라는 곰팡이로 썩어가게 했다는 사실 말이다.

공무원이 감정노동자로 인정받지 못하는 건 최종 목표가 이윤 추구가 아니기 때문이다. '기업처럼 이윤을 위해 억지 웃음

● 감정노동해결연구소 윤서영 원장은 《진상 고객 갑씨가 등장했다》라는 책에서 "감정노동Emotional Labor이란 상대방에게 자신의 감정을 숨기는 것으로 상대방이 원하는 표정이나 행동을 만들어내기 위해 자신의 감정을 관리하는 것을 의미한다."라고 말했다.

과 친절로 감정을 숨길 필요가 없지 않느냐?'는 논리다. 당연히 잘못된 논리다. 민원인에게 감정을 표출할 때 치러야 하는 대가는 민간의 기업 못지않게 참혹하다. 민원인은 공직자의 개인 감정 표출을 대개 불친절로 인식한다. 불친절은 곧 청렴하지 못하다는 인식으로 전환되어 각종 상급 기관의 민원으로 이어진다. 상황이 좋지 않으면 상급 기관의 감찰이 시작된다. 이때부터는 내부 민원까지 상대해야 한다. 설사 감찰 결과 '혐의 없음'으로 판명된다 하더라도 그에 따른 이미지 실추는 피하기 어렵다.

민간 분야에서는 그나마 운신의 폭이 존재한다. 예를 들어 소비자가 인터넷 또는 통신사에 대한 불만으로 해당 기업의 고객 센터에 전화를 한다고 하자. 소위 블랙 컨슈머black consumer라 불리는 소비자는 불만을 이야기하는데 그치지 않는다. 그들은 서비스 해지와 더불어 집요하게 보상을 요구한다. 보상 권한이 없는 고객 센터 상담원에게 문제 해결을 일임한다면 민원의 불길을 진화하기보다 키울 가능성이 훨씬 크다. 이에 민간 분야에서는 해지 관련 부서가 이런 민원을 전담하고 회사 차원의 비공식적 보상 내용을 제시하여 불만을 초기에 진화한다. 백화점의 경우 고객이 물건을 산 후 이치에 맞지 않는 이유를 들어 교환이나 환불을 요구할 때, 판매 직원은 그저 교환이나 환불이 가능하지 않다는 말만 되풀이하는 상황이 발생하곤 한다. 백화점의 교환, 환불 규정에 맞지 않기 때문이다. 이때 불만 고객 전담팀에서 비공식적으로 고객 면담을 통해 요구 사항을 확인하여 문제를 사전에 차단하기도 한다. 회

사 재량권으로 감정노동을 미연에 방지한 것이다. 민간 분야이기에 가능한 일이다.

하지만 우리는 어떤 것도 기대할 수 없다. 담당자 검토 후 처리할 수 없는 억지성 민원을 지방자치단체 차원에서 적절하게 타협하여 비공식적으로 처리하는 경우는 없다. 집요하게 보상을 요구하는 블랙 컨슈머와 보상에 대한 권한이 없는 통신사 고객 센터 직원이나 백화점 판매 사원의 대응처럼 답답하고 스트레스가 쌓이는 상황이다. 답이 없는 문제를 놓고 오롯이 온몸으로 부딪히며 민원인의 감정을 건드리지 않기 위해 친절과 웃음으로 응대할 뿐이다. 그럼에도 불구하고 공무원이 극한 감정노동자로 인정받지 못하기에 더 서글프다.

## 조직은 든든한 지원군이다

2013년 실시한 공공 서비스 부문을 포함한 감정노동자 실태 조사에 따르면 응답자의 81퍼센트가 욕설과 같은 폭언을 들은 적 있다고 답변했다. 2014년 이어진 조사에서 응답자의 50퍼센트 이상이 우울증 의심 증세, 20퍼센트는 실제 우울증 진단을 받은 것으로 확인되었다. 민간 서비스에서 블랙 컨슈머라 불리는 악성 소비자는 집요한 민원의 대가로 금전적 보상을 받은 경험이 있는 경우가 대다수다. 이런 블랙 컨슈머 중 일부가 공공 서비스로 이동했다.

그들은 불합리한 요구에 적극적으로 대응하기 어려운 공무원의 약점을 집요하게 파고든다. 욕설과 모욕적 언사도 서슴없이 한다. 공무원은 이런 악순환을 끊을 수가 없다. 담당 공무원 개인의 힘으로는 해결하지 못하는 수준에 도달하기 때문이다. 외부에서는 감정노동을 인정받지 못하지만 공직 사회 내부에서는 이에 대한 공감대가 형성되었다. 조직 차원의 대응이 시작된 것이다.

**조직별 감정노동자 보호방법** ●

**① 행정안전부**
악성 민원인으로부터 정신적, 신체적 피해를 막기 위해 비상벨, 경찰관서 핫라인, 안전상담창구와 같은 설비를 보강하고, 공무상 피해를 처리하기 위해 〈특이민원 대응방안〉을 마련했다.

● 백병성의 《민원인의 문제행동, 고질민원의 사례와 대응》(커뮤니케이션북스, 2017.)을 참조하였다.

② 국민권익위원회

공공 부문 최초로 〈고충민원 특별조사팀〉을 설치(2011년 7월)하고 오랫동안 이성적이지 않은 행태를 보이는 민원인을 상대로 적극적으로 대응하여 밀접 민원 담당자의 부담을 줄여주고 있다.

③ 서울시

월평균 약 3~4만 건에 달하는 전화상담을 365일 24시간 처리하는 다산콜센터 상담원을 보호하기 위해 서울시는 위법적인 악성 민원에 대응하기 위해 법적 조치를 취하고 있다.

악성 민원에 대한 감정노동 대비책을 구상한 일반적 틀을 벗어나 일부 지방자치단체는 좀 더 세부적인 면에 주목했다. 그 시작점이 〈중식시간 휴무제〉 시행이다. 이는 읍·면·동 행정복지센터에서 근무할 때 휴식 시간은커녕 식사 시간조차 보장받지 못하는 직원들의 근무 여건을 개선하기 위한 조직의 배려다. 12시 정각 업무를 중단하고 사무실 전체를 소등한다. 아울러 민원 불편 최소화를 위해 24시간 무인민원발급기를 확대 설치하여 운영한다. 화성시는 2020년 1월 시범 실시했고, 양주시는 2020년 11월 시범 운영을 거쳐 2021년 7월 1일 전면 시행 중이다. 이와 더불어 화성시는 '시민옴부즈맨' 제도를 선도적으로 도입·운영하고 있다. 시민옴부즈맨은 민원인과 해당 부서(담당자) 양자 간에 쉽게 해결할 수 없는 갈등 사항을 행정과 시민의 중간 입장에서 조정 및 중재하는 기구다. 시민의 대리인으로서 시민 권익 증진에 기여하고 해결하기 어려운 내용과 갈등을 담은 복합 민원으로 고민하는 담당자의 부담을 줄이는 역할도 한다. 위 두 가지 예는 내·외부 고객을 동시에 만족시키려는 지방자치단체의 현명한 노력이다.

공공 분야에서 진행하는 이런 노력이 계속될수록 일선 공무원들의 감정노동 수위가 낮아져 민원인에게 친절과 공감 서비스로 이어질 가능성이 커진다. 이런 선순환 구조가 국가, 지방자치단체 등 전체 공직자의 신뢰를 회복하는 마중물이 되리라 기대한다.

## 감정노동에서 벗어나자

민간 서비스 분야에서 촉발되어 공공 서비스 분야로 옮겨온 악성 민원으로 인해 우리는 감정노동의 희생자로 전락할 위기에 놓였다. 하지만 악성 민원에 대한 대응도 만만치 않다. 감정노동자를 보호하는 방향으로 사회적 인식이 변화하고, 조직이라는 든든한 지원군이 뒤에 버티고 있다는 사실을 느끼기 시작했다. 분위기가 우리 쪽으로 흐르고, 조직이 버팀목이 되어주는 시점에서 우리의 노력이 더해진다면 시너지 효과는 상상을 초월할 것이다.

이런 상황에서 우리는 점점 복잡하고 다양하게 발생하는 민원을 심각하게 인식하고 철저하게 대비해야 한다. 지난 17년간 경험을 통해 나는 민원을 '해결했느냐 하는 결과'보다 '어떤 절차로 해결하느냐하는 과정'이 더 중요하다는 사실을 깨달았다. 그 과정에서 민원 극복을 위한 나만의 기술을 갈고닦았으며, 방법을 수립하고 발전시켰다. 그 결과 민원 극복 지수를 높이는 다섯 가지 방법과 세 가지 전략을 소개할 수 있게 되었다.

감정노동은 자신의 가짜 감정(강요된 친절)과 진짜 감정 사이의 괴리에서 오는 에너지 소모다. 민원 해결 과정에서 응대 지수 상승은 우리에게 시간과 감정의 여유를 주어 민원인을 가짜가 아닌 진짜 감정으로 대할 수 있게 한다. 민원 대응 지수를 낮추고 응대 지수를 높이는 일이 감정노동에서 벗어나는 지름길인 셈이다.

## 08. 현명한 민원 응대의 긍정적 영향력

"이것 좀 사주세요."

사무실 문을 열고 누군가 들어온다. 사람의 인상보다 칫솔, 허리띠 등 잡화가 가득한 가방이 먼저 눈에 들어온다. 물건을 판매하기 위해 가끔씩 오는 장애인이다. 이후 펼쳐질 상황을 어렵지 않게 짐작할 수 있다. 자리마다 찾아다니며 물건을 사 달라는 권유가 이어지고 직원들은 그 상황을 모면하기 위해 거절의 이유를 일제히 머릿속에 그리기 시작한다.

"선생님, 잠깐만 저랑 이야기하실까요?"

그 순간 부드러운 목소리가 들린다. 김 주무관이다. 그녀는 판매자를 따로 불러 조용한 목소리로 말했다. 가까운 거리에 있던 나는 김 주무관이 하는 말을 정확히 들을 수 있었다.

"선생님, 오늘은 제가 치약, 칫솔 세트를 사드릴게요. 대신 다른 직원들이 불편하니 물건을 팔기 위해 다시 오시면 안 됩니다."

김 주무관 목소리에는 부드러움과 단호함이 묻어 있었다. 이후 그를 사무실에서 보지 못했다. 도움이 필요한 장애인의 마음을 감싸는 한편 직원들의 불편한 마음을 공감하며 자칫 불편할 수 있는 상황을 사전에 방지한 김 주무관의 슬기로운 행동은 많은 동료의 불편함과 시간 소모를 막아주었다.

현명한 민원 극복 사례는 불꽃처럼 빠르고 광범위하게 옮겨져 동료에게 긍정의 기운을 주어 모두를 행복하게 한다. 이것이 우리가 현명하게 민원을 극복하고 응대 지수를 높여야 하는 또 하나의 이유인 셈이다.

## 민원 극복도 선배를 닮아간다

김 주무관은 부드럽지만 단호하게 민원에 대처했고, 1장에서 소개한 안 과장은 민원 응대에 멋있음을 보였다. 두 사람 모두 내부 직원을 감싸며 현명하게 민원을 극복하는 모습을 보여줬다.

격이 다른 모습을 보여준 안 과장과 김 주무관은 민원 응대 관점이 확립되지 않은 나에게 모범적인 선배의 모습으로 각인되었다. 15년이 지난 지금도 그 기억을 되새기며 강의 때 두 사람의 사례를 자주 이야기한다.

좋은 영향력에는 유통 기한이 없다. 선배가 후배에게 해야 하는 건 잔소리나 꾸지람 같은 지적질이 아니다. 후배에게 해 줄 수 있는 가장 가치 있는 일은 좋은 본보기가 되는 것이다. 그런 좋은 선배가 많을수록 후배들은 현명하게 민원을 극복한다. 후배는 선배를 닮아가기 마련이다.

## 좋은 기운이 좋은 기운을 부른다

내가 전화민원을 응대할 때 처음 하는 인사말은 "네 감사합니다. 허가민원과 한상필입니다."이다. 전화민원 응대 시 가장 중요한 순간은 첫 인사말을 건네는 15초다. 이때 모든 것이 결정된다. 나는 지금도 전화 응대할 때 또렷하고 밝은 목소리를 담아 감사 인사로 시작한다. 처음 대하는 민원인에게 왜 감사해야 하는지에 대한 의문은 잠시 접어두자. 지금은 감사 표현이 비용을 들이지 않고 민원 응대 지수를 높이는 엄청난 효과가 있다는 사실만 기억하길 바란다.

이런 나의 태도는 주변 동료에게 서서히 전파된다.

"네 감사합니다. 허가민원과 최 주무관입니다."

가까운 곳에서 멀리있는 동료들의 쭈뼛쭈뼛한 희미한 목소리가 시간이 지날수록 자신감 있는 목소리로 변해 다시 나에게 들려온다.

민원인을 향한 반복적인 인사말은 한 공간 안에 있는 동료들에게도 말투뿐만이 아니라 민원을 극복하는 좋은 기운까지 전달한다. 좋은 기운은 또 다른 좋은 기운을 부른다. 민원과의 적대적 상황을 피하고 민원 극복 지수를 높혀 우리 조직에 긍정적 영향을 전파하는 일은 거창하거나 복잡할 필요가 없다. 본연의 자리에서 의연함을 잃지 않고 민원에 현명하게 대처하는 한 사람 한 사람이 서로에게 영향을 주는 것이다. 이런 경험이 조직에 쌓이면 민원이 거대한 파도가 되어 닥쳐도 현명하게 대처하는 힘이 된다.

(19년 차, 건축 분야, 윤○○ 팀장)

## "감정을 억제하라.
## 감정은 원칙 수호의 가장 큰 걸림돌이다"

10년도 넘은 일이다. 건축 관련 인허가 업무를 담당하던 시기였다. 허가 접수가 들어왔다. 기존 어린이집에 수영장을 설치하는 내용이었다. 그런데 이게 무슨 일인가? 허가 승인을 위해 현장을 방문하니 이미 완성한 수영장을 운영하고 있었다. 허가를 받고 시설물을 설치해야 하는 절차를 무시한 것이다. 그 어린이집은 주위 평판도 좋고 구성원들이 지역 사회 봉사에 적극적으로 참여하는 곳이었다. 그런 까닭에 행정 절차를 몰라서 비롯된 것일 뿐 절차를 무시하려는 의도는 아니라고 판단했다. 그렇다 하더라도 운영 중인 불법 시설물을 허가할 수는 없었다. 결국 불법단속 부서에 불법 사항을 전달하고 처리하도록 요청했다. 이후 같은 내용의 허가가 접수되었다. 달라진 건 불법단속 부서의 조치 사항을 첨부했다는 점이었다. 이미 다녀온 현장이고 불법단속 부서의 조치 사항까지 받았으니 다른 고민 없이 허가 처리했다.

그렇게 잊고 지낸 어느 날, 그 어린이집이 다른 어린이집과 마찰을 빚어 민원이 발생했는데 그때 불법단속 부서로 넘긴 수영장이 문제가 되었다는 이야기를 들었다. 나중에 알게 된 사실이지만 당시 불법단속 부서에서 불법 시설물 설치에 대한 합당한 조치를 하지 않았다고 한다. 정확한 내막은 알 수 없다. 아마도 불법단속 부서 담당자가 순간적인 감정에 끌려 무마해준 것이 아닌가라는 생각이 들었다. 결국 문제가 커져 담당자 징계로 이어졌다.

지난 공직 생활 19년을 돌아봤을 때 원칙에 위배되는 일은 하지 않았다고 자부한다. 공무를 수행하고 행정 업무를 처리할 때 감정은 사치다. 감정을 억제하자. 돈 없고, 뒷배 없는 우리 같은 평범한 공무원에게 특히 그렇다. 감정에 휘둘리지 않는 원칙과 공정은 공직 생활을 하는 우리를 빛나게 하는 가장 소중한 가치다.

# PART 3

# 민원 극복을 위한 다섯 가지 방법

공무원의 고유 업무는 폐쇄적이어서 우리만 접속 가능한 시스템으로 행정 업무를 수행한다. 혹시 있을지 모를 정보 유출을 막기 위해 사무실에서 일반 메일이 아닌 통제 가능한 행정 메일만 허용한다. 이 때문에 같은 부서에 근무하더라도 비공개로 생산된 문서는 열람조차 불가능하다.

민원이 파도라면 우리 조직은 방파제다. 파도가 방파제를 이길 수 있을까? 폐쇄적인 조직과 시스템으로 민원의 파도를 막기만 하면 성공이다. 그런데 이상하다. 분명 우리에게 유리한 상황 같은데 계속해서 민원의 파도에 휩쓸린다. 우리가 가진 조직과 시스템이라는 하드웨어에 의지한 채 다양한 종류의 파도(너울성 파도, 표면장력파, 내부파 등)에 대응할 소프트웨어 개발과 적용에 소홀했기 때문이다.

반면 민원인은 어떤가? 방파제를 넘어설 정도의 '절실함'이라는 강력한 힘을 가지고 있다. 그들은 재산권과 생존권을 사수하기 위해 배수진을 치고 민원을 제기한다. 여의치 않을 때는 변호사, 행정사 등 각 분야 전문가를 동원해 자신에게 유리한 방향으로 민원을 처리하려 한다. 이런 상태라면 우리를 기다리는 건 민원의 파도에 휩쓸려 바다에 빠져 허우적거리는 애처로운 모습뿐이다.

우리도 배수진을 치고 민원 극복을 위해 확실한 준비를 해야 한다. 우리가 지켜야 하는 가치는 단순히 민원을 극복하는 것이 아니라 '시간 얻기'와 '감정노동으로부터 해방(감정 소모의 최소화)'이다. 부디, 민원을 슬기롭게 극복하여 험난한 공직 생활에서 빛나는 이 두 가지 가치를 지키길 바란다. 지금 제시하는 다섯 가지 방법을 잘 익힌다면 다양한 형태의 민원을 거뜬히 극복할 수 있을 것이다.

# 09. 하나, 업무 지식으로 먼저 응대하라

공무원 시험 합격만큼이나 얻기 어려운 것이 있다. 바로 원하는 부서에서 일할 기회다. 공무원이 원하는 부서는 대개 민원 부담이 적고, 진급 기회가 상대적으로 많은 곳이다. 공무원 공채 시험은 개인의 노력을 점수로 환산하여 합격 여부를 가리며 점수 또한 공개된다. 하지만 인사 발령은 지정 부서 근무라는 결과만 공개될 뿐 과정은 알 수 없다. 그런 까닭에 원하는 부서에 발령받는 일은 업무 능력, 학연, 지연 등을 넘어 다른 어떤 힘이 작용하는 건 아닌지 인사 시기마다 직원 사이에서 논쟁이 이어진다.

과연 내가 강성 민원 관할 부서를 피해갈 수 있을까? 어떻게 하면 상대적으로 민원이 적은 부서에서 근무할 수 있을까? 이런 생각을 하면 머리만 아플 뿐이다. 인사에 신경 쓸 에너지를 다양한 민원을 어떻게 극복할지 방법을 찾는 데 쓰는 편이 낫다. 그리고 민원인이 강하게 나오지 않기를 기대하기보다 어떤 민원인을 만나도 당황하지 않고 응대할 수 있도록 준비하는 편이 낫다. 생각을 전환하여 이제라도 민원을 대하는 태도를 바꾸는 편이 현명하다.

민원인과의 갈등이 시작되었다. 재산권, 생존권 사수를 위해 비장한 얼굴로 다가온다. 때로는 전문가(변호사, 건축사, 행정사)를 우리에게 보낸다. 우린 아무 준비 없이 시대착오적 '갑을관계'로 방어하거나 조직과 시스템에 의지한 채 맨몸으로 민원인을 맞이한다. 이런 상태라면 민원을 극복하기보다 민원에 휩쓸려 매일 괴로워할 게 뻔하다.

우리는 왜 민원을 극복해야 하는지 또 무엇을 얻어야 하는지 이미 알고 있다. 우리의 마음 또한 민원인의 마음처럼 굳건하다. 하지만 의지만으로 민원을 극복할 수 없다. 어려운 업무라도 신속히 처리할 수 있는 폭넓은 업무 지식을 갖추고 선제적으로 응대하는 자세가 절실하다.

이건 절대 조심!

야구 속설에 '야수가 바뀌면 타구는 반드시 그 야수에게 날아간다.'라는 말이 있다. 인과관계가 성립하지 않지만 야구 중계를 보다 보면 신기하게도 그런 장면이 종종 연출된다. 우리도 그렇다. 신규 발령을 받거나 전보로 업무가 바뀌면 이상할 정도로 민원이 폭주한다. 그런데

민원 극복을 위한 다섯 가지 방법

이를 단순 우연으로 치부하기엔 고려해야 할 요소가 있다. 업무를 파악하여 관련 지식을 쌓기 전에 몰아붙이는 민원인의 심리전일 수 있기 때문이다. 민원인은 전임자를 통해 해결하지 못한 복합 민원을 업무에 익숙하지 않은 신규 발령자를 통해 해결하려고 할 수 있다.

이럴 때일수록 더욱 꼼꼼하게 챙겨야 한다. 인허가 문제라면 전임자에게 확인하는 절차를 반드시 거쳐야 한다. 전임자와 연차가 많이 나는 신규자라면 지위의 압박으로 사사건건 전화하는 것이 부담스러울 수 있다. 하지만 할 수 없다. 업무 지식을 완벽히 습득하기 전까지 신규자의 근성으로 물고 늘어질 수밖에. 순간의 부담감에 잘못된 인허가를 해주는 것보다 백번 낫기 때문이다.

## 업무 지식이 기본이다

우리나라에서 완전히 같은 업무를 담당하는 공무원은 없다. 같은 인허가 업무라고 해도 지역과 상황이 다르고 특성 또한 다르다. 그래서 고유 업무라고 표현한다. 그것을 처리할 수 있는 사람은 한 사람, 담당자뿐이다. 그러므로 업무에 대해 가장 많이 아는 사람 역시 '담당자'가 되어야 한다.

"업무 지식을 갖춘다고 모든 민원을 해결할 수는 없지만, 업무 지식을 갖추지 못한다면 어떤 민원도 해결할 수 없다."

업무 지식은 민원 극복을 위한 기본이다. 신규자는 모르는 게 많다. 솔직히 아무것도 모른다는 말이 적합하다. 어색하게 뒷머리를 긁으며 선배에게 다가가는 신규자. 얼핏 보기에도 무언가 묻기 위한 사전 작업이지만 선배는 그런 마음에 관심 없다는 듯 "직장은 학교가 아니다."라는 말로 거리를 유지한다. 같이 월급 받는 처지에 고유 업무 처리 외 신규자까지 가르칠 의무는 없다고 생각한다. 그러나 시대가 변했다. 요즘도 그런 선배가 있다면 사내 익명 게시판에서 비판의 대상이 되기 십상이다. 최근에는 선배가 잘 가르쳐야, 후배가 제대로 받아들여야 내가 편해진다는 인식이 지배적이다. 이 얼마나 배우기 좋은 환경인가?

왕도는 없다. 무조건 배워야 한다. 선배나 동료, 후배, 심지어 민원인에게도 배워야 한다. 얼굴을 찌푸리지 않는 인터넷도 좋은 선생님이다. 업무 지식은 있으면 좋고, 없으면 그만인 것이 아니다. 무조건 습득하고 시작해야 하는 기본이다.

그렇게 갖춘 지식은 소중히 다뤄야 한다. 새롭게 배우거나 중요하다고 생각하는 내용은 업무노트나 휴대폰, 컴퓨터 등에 메모하고 저장하는 습관을 들여야 한다. 말로 전달받은 내용

민원 극복을 위한 다섯 가지 방법

은 그에 맞는 법령과 지침을 찾아 함께 적어두면 필요할 때 매우 유용하다.

## 업무 지식은 '자신감'을 부른다

습득한 지식은 고유 업무 능력을 향상하고 민원 응대 상황에서 주도권을 쥐게 해준다. 단순하지만 반드시 갖춰야 할 기본 능력인 셈이다.

민원의 사전적 의미는 '주민이 행정 기관에 대하여 원하는 바를 요구하는 일'이다. 자신의 업무에 대해 광범위한 지식을 갖추고 있다면 어떤 민원을 접해도 불안하지 않다. 민원인이 원하는 바를 정확한 지식으로 전달하는 것보다 쉽고 효율적인 민원 극복 방법은 없다.

그 반대는 어떤가? 신규 발령으로 업무를 처음 맡게 되거나 부서를 이동한 지 얼마되지 않은 경우를 생각해보자. 전화벨만 울려도 가슴이 철렁 내려앉는다. 업무를 파악하지 못한 상태에 누군가 찾아와 상담을 원한다면 긴장감이 극에 달한다. 관련 지식이 부족하기 때문에 자신감 있게 응대하기 어렵다.

축구 국가대표 출신 구자철은 득점왕에 오른 아시안컵 대회 당시 자신감이 충만하여 '공만 와봐라.'라는 마음이었다가 독일에서 활동을 시작한 적응 기간에는 '공아, 제발 나한테 오지 마라.'로 바뀌었다고 한다. 이렇듯 평생 축구에 매진한 국가 대표 출신 선수도 환경이 바뀌면 자신감을 잃어버리고 위축된다. 우리도 마찬가지다. 생소한 업무를 맡았을 때 관련 지식이 없으면 자신감을 잃고 소극적인 응대로 이어질 가능성이 크다. 이렇게 해서는 민원인을 만족시킬 수 없다. 최근 중앙정부 차원에서 적극 행정을 강조한다. 우리가 업무 지식을 제대로 습득하여 '자신감'이 있을 때 민원 현장에서 주도권을 쥘 수도 있고 적극 행정도 펼칠 수 있다.

### '법령'은 목숨처럼, '공문 검색'은 습관처럼

#### ① 법령은 목숨처럼

공무원의 모든 행정 행위는 관련 법령에 근거한다. 승인, 반려, 허가, 불허가 등등 민원인에게 회신하는 모든 내용은 법령 조항과 함께 공문으로 생성된다. 업무 지식은 법령을 기반으로 했을 때 진가를 발휘한다. 관련 법령을 속속들이 알기란 쉽지 않다. 법령을 읽다 보면 무슨 말인지 이해되지 않을 때도 있다. 조금만 더 힘을 내자. 다양한 민원 압박을 이겨낼 만큼 관련 법령을 나만의 지식으로 다듬고 견고하게 만

민원 극복을 위한 다섯 가지 방법

들어야 한다.

### ② 공문 검색은 습관처럼

우리가 사용하는 전자문서 시스템에는 엄청난 정보가 존재한다. 나는 아침 시간 30분을 할애해 부서에서 생산한 문서를 확인한다. 흡사 아침에 인터넷으로 뉴스를 확인하는 것과 같다. 이렇게 하면 어제 하루 우리 부서에서 무슨 일들이 있었는지, 다른 담당자가 어떻게 업무를 처리하고 있는지 한눈에 알 수 있다. 얼마나 좋은가? 시간에 구애받지 않고 공직 선배의 공문 작성 노하우를 습득할 수 있다. 유경험자들의 응대 방법을 익히고 응용한다면 어떤 상황에서도, 어떤 민원을 접하더라도 자신감 있게 처리할 수 있다.

## 업무 지식은 민원 극복 확률을 높인다

방대한 업무 지식이 있다면 민원 해결을 위해 특별한 방법을 가지고 있는 것과 같다. 민원인의 요구는 다양할 뿐 아니라 처한 상황과 특성이 각기 다르기 때문에 해결책 또한 달라질 수밖에 없다. 그러므로 담당자가 업무 지식을 바탕으로 적절한 해결책을 제시한다면 응대 시간이 확연히 단축된다.

최근 민간 서비스 분야에서는 '업무 재량권'이 화두다. 감정 노동자를 보호하기 위해서 담당자의 '업무 재량권' 확보가 우선이라는 이야기다. 2016년 인디애나대학교 켈리비즈니스 스쿨 연구팀의 조사 결과에 의하면 업무 강도가 높고 업무 재량권이 낮은 사람은 업무 재량권이 높은 사람에 비해 수명 단축 비율이 34퍼센트나 높았다고 한다. 당연한 결과다. 일과 시간 내내 민원을 처리하는 감정노동자가 제시할 수 있는 해결책이 한정돼 있다면 마찰이 불가피하여 업무 스트레스 또한 상승하기 때문이다.

공무원에게 '업무 재량권'이란 관련 지식이다. 법령과 업무를 완벽히 숙지해야 업무 재량권의 범위가 넓어진다. 그러므로 업무와 관련된 다양한 지식을 쌓고 상황에 맞게 적절한 해결책을 제시하자. 이것이 민원을 극복하는 가장 기본적인 방법이다.


# 10. 둘, 공감共感을 적용하라

"국토의 계획 및 이용에 관한 법률 제63조에 의거 귀하의 토지 내 공장 건립은 불가합니다."

흡사 ARS 자동응답기에서 나오는 답변 같다. 감정이 전혀 묻어나지 않는다. 민원인이 흥분해서 소리친다.

"뭐라고? 이런 공무원 놈들, 내가 가만히 있을 거 같아?"

담당자는 법적 근거를 들어 정확한 사실을 민원인에게 전달했다. 담당자의 말에 틀린 곳은 없지만 민원인의 감정을 자극하며 적대적 관계로 이어진 이유는 바로 공감이 없기 때문이다.

상황을 재구성해보자. 한 민원인이 있다. 그는 임대 건물에서 공장을 운영하다 큰 결심을 했다. 토지를 사서 공장을 짓고 사업을 확장하려는 것이다. 허가가 가능하다는 부동산업자의 말을 믿고 거금을 들여 계약한 후 담당자인 나를 찾아왔다. 그에겐 전 재산이 걸린 문제였다. 그런 상황에서 법령에 근거해 공장 건립이 불가하다고 건조하게 얘기한 태도가 민원인의 분노를 유발했다.

이런 민원을 극복하려면 먼저 민원인을 이해하고 공감을 표해야 한다. '내가 그의 입장이라면 어떨까?' 하는 마음으로 법령을 전달하기 전에 따뜻한 위로를 전하는 것이 순서가 아닐까? 그다음 정확한 사실을 전달하고 자신의 재량권으로 해결할 수 있는 방법을 다양하게 모색해야 하지 않을까? 특례 조항은 없는지, 토지를 계약할 때 문제되는 내용은 없는지, 전 토지 소유주를 대상으로 민사 소송이 가능한지 등등……. 냉정하게 생각하면 전 토지 소유주와 현 토지 소유주의 문제라서 담당자인 나는 잘못이 없다. 토지 계약에 관여하지도 인허가를 보장하지도 않았다. 그렇지만 분노에 눈이 멀어 마구잡이로 들이대는 민원인에게 냉철하게 현실을 바라볼 수 있게 만들 수 있는 힘, 격양된 마음을 가라앉히고 냉철한 판단을 할 수 있도록 도와주는 힘, 이것이 공감이다.

듣지 않아도 될 말을 들으며 엄청난 스트레스에 시달리는 동료를 많이 봤다. 이제 순서를 바꿔보면 어떨까? 민원인에게 사실을 전달하기에 앞서 공감의 마음을 표현해보자. 더는 민원인과 쓸데없이 감정을 소모하지 않는 자신을 발견할 것이다.

### 공감은 어렵다

상대의 마음이나 주장에 공감하는 건 어렵다. 공부로 얻을 수 없고 몸이 아닌 마음으로 실행해야 하는 일이기 때문이다.

민원 극복을 위한 다섯 가지 방법

그러나 우리는 이미 엄청난 공감 능력을 가지고 있다. 단지 몰랐을 뿐이다. "당신은 공감 능력이 없어 민원인과 대립하는 관계를 만들고 있는가?"라는 질문을 동료에게 던져본다. 대부분 "아니오."라고 대답한다.

공직 생활을 하면서 만난 후배들은 뛰어난 능력(공감 능력을 포함한다)을 바탕으로 지금의 자리를 차지한 인재들이다. 그들의 공감 능력은 이미 충분하다. 직장 내 생활하는 모습만 봐도 동료를 존중하고 업무를 처리할 때 에너지가 넘친다. 그렇다면 왜 민원 응대 상황에서는 공감 능력을 발휘하지 못해 상처를 입는 것일까? 혹시 공감을 '못' 하지 않고 '안' 하는 것은 아닐까?' 공감 능력이 낮거나 없는 것이 아니라 단지 민원인이라서 공감 능력을 발휘하지 않으려는 것은 아닐까? 우리를 민원인에게 다가가지 못하게 하는 장벽이 있다면, 그것부터 허물어야 한다.

### ① 인정과 동의는 다르다

우리가 민원인과의 공감을 어려워하는 이유는 그들의 입장이나 주장에 동의해야 한다는 부담 때문이다. 하지만 인정과 동의는 다르다. 편하게 생각해야 한다. 공감 표시는 가벼운 인정만으로도 충분하다. 인정한다고 해서 그들의 입장이나 주장에 전적으로 동의한다는 뜻이 아니다. 한 단계 더 나아가 동의한다고 해도 민원인이 원하는 행정 절차를 진행하겠다는 뜻은 아니다. 이처럼 '공감=원하는 행정 절차 이행'이라는 공식이 성립하지 않으니 부담 갖지 않아도 된다. 간단한 인정, 더 나아가 편안한 동의를 전달하는 가벼운 공감 표현을 연습해보자. 민원인이 원하는 것을 얻지 못했다고 해도 우리에게 분노할 확률은 현격히 떨어질 것이다.

② 궁금증을 가져라

얼마 전 급한 작업을 하는데 컴퓨터가 갑자기 먹통이 되었다. 자정까지 끝내야 하는 자료였는데 시계를 보니 저녁 9시였다. 다급한 마음에 인근 컴퓨터 수리점에 전화를 했다. 늦은 시간이라 그런지 전화 연결이 되지 않거나 출장이 어렵다는 답변만 돌아왔다. 답답하고 막막했다. 마치 사막에 홀로 남겨진 느낌이었다. 그러던 중 오아시스를 만난 것처럼 출장이 가능하다는 한 사장님의 답변을 들을 수 있었다.

민원 극복을 위한 다섯 가지 방법

"집에서 쉬고 있는 중이지만 급하신 것 같고, 컴퓨터에 어떤 문제가 있는지도 궁금하네요. 금방 찾아뵙겠습니다."

공감의 정석이다. 그렇다. 상대방의 상황이나 입장에 공감하게 되면 여러 가지 궁금증이 생긴다. 이처럼 공감은 역지사지易地思之의 자세를 취하게 하여 민원 극복을 위해 적극적으로 임하게 한다.

## 공감은 듣기에서 시작한다

공감을 표현하는 방법은 다양하지만 그 시작은 언제나 듣기다. 듣는 자세가 초반 민원 응대 흐름을 좌우한다. 목소리와 뇌, 귀 사이의 관계를 연구한 프랑스의 이빈후과 의사인 알프레 토마티Alfred Tomatis는 듣는 방식을 '수동적 듣기'와 '능동적 듣기'로 구분했다.

수동적 듣기는 흘려 듣는 것을 말한다. 다른 일을 하면서 듣거나, 다른 생각을 하면서 듣거나······. 시간은 시간대로 쓰지만 상대의 신뢰를 얻지 못한다. 결정적으로 이야기의 핵심을 모르니 대화를 이어가거나 해결을 도모할 수 없다. 많은 사람이 수동적으로 듣기 때문에 일을 그르친다.

능동적 듣기는 마음까지 열어야 한다. 우리에게는 민원이 그저 일과일 뿐이지만 민원인에게는 재산권이나 생존권이 걸린 중요한 사안일 수 있다. 그렇기 때문에 집중해야 한다. 시인이자 소설가인 나탈리 골드버그Natalie Goldbert는 "귀로만 듣지 말고 온몸으로, 당신의 위장, 심장, 머리카락으로 들어라."라고 이야기한다.

우리는 민원인이 전달하는 이야기, 그의 숨소리, 손짓, 눈빛까지 들어야 한다. 신중한 듣기 자세는 민원인의 마음을 부드럽게 해줄 뿐 아니라 민원인의 요구 사항을 정확히 이해하게 함으로써 최적의 방안을 짧은 시간에 제시할 수 있도록 도와준다.

---

**민원인의 흥분을 막는 공감의 말 3단계**

능동적 듣기로 민원인에게 공감을 표현했다면, 이제 공감의 말을 건네자. 흥분한 민원인을 상대하기란 쉽지 않다. 이성이 개입할 여지가 없기 때문이다. 흥분한 민원인이 마음을 가라앉힐 수 있도록 응대해야 한다.

민원 극복을 위한 다섯 가지 방법

## 1단계, 민원인의 말을 구사하라

민원인이 흥분하면 자신의 감정을 가감 없이 표현한다. 그들이 사용하는 감정의 형용사를 귀담아 듣고 그대로 표현하라. 예를 들어 "당신들이 해결해주지 않아서 힘들어 죽겠다."라는 민원인의 말에 "그런 생각들로 힘드셨군요. 그 마음 이해합니다."라고 응대하는 방식이다. "짜증난다."에는 "짜증나겠군요.", "미치겠다."에는 "혼란스럽겠군요." 등 응용 방법도 다양하다. 그들의 언어로 감정을 표현해주며 공감하는 마음을 표현하면 흥분을 가라앉히는 데 큰 효과를 얻을 수 있다.

### 2단계, 마법의 말을 건네라

그래도 흥분이 가라앉지 않을 수 있다. 화를 내다 보면 화가 화를 부르고, 계속 쌓이는 경우도 있다. 이 경우 민원인은 자제력을 상실한다. 그때 마법의 말을 건네자.

"제가 선생님이라도 그렇게 흥분할 것 같습니다."

자신의 감정을 이해해주는 공무원에게 민원인이 묘한 동질감을 느끼며 감정을 다스리려는 변화를 느낄 수 있을 것이다.

민원 극복을 위한 다섯 가지 방법

### 3단계. 강력한 마법의 주문을 던져라

수만 번 동일한 상황에 직면하고 민원인의 반응을 살피면서 찾은 강력한 마법 같은 주문이 있다. 극공감의 표현이다.

"제가 선생님이었으면 더한 행동도 했을 것 같습니다."

흥분한 민원인에게 공감의 말은 소화기와 같다. 민원인의 행동과 말을 인정하며 마음을 열기 때문에 민원인의 활활 타오르던 분노는 분명 사그라질 것이다.

# 11. 셋, 청렴淸廉해야 살아남는다
## : 청렴영생淸廉永生 부패즉사腐敗卽死

'청렴하면 영원히 살고, 부패하면 바로 죽는다.' 섬뜩하고 강렬한 표현이다. 조선 후기 정약용이 《목민심서》를 통해 '청렴 없이 공직 생활을 잘할 수 있는 사람은 없다.'고 했을 정도로 청렴의 중요성을 강조했지만 공직자 부패 척결에 대한 사회적 관심이 높아진 것은 최근의 일이다.

2016년 시행된 〈부정청탁 및 금품 등 수수의 금지에 관한 법률〉(청탁금지법, 김영란법)은 그 신호탄이었다. 이 법의 적용 대상은 무척 광범위하다. 공무원, 교직원, 언론사 대표, 임직원은 물론 공직자의 배우자까지 포함한다. 공직자의 청렴 준수를 실추된 행정 신뢰 회복의 기회이자, 공정한 사회 구현의 최우선 가치로 삼고 생사흥망生死興亡의 갈림길에서 유일한 방안으로 선택한 것이다.

혹자는 의아할 것이다. 민원 극복과 청렴이 어떤 연관이 있는지에 대해 말이다. 하지만 경험에 비추어보면 청렴은 민원 갈등 상황에서 우리(공무원)를 지켜주는 방패라고 감히 말하고 싶다. 청렴하지 않은 공무원은 폭풍 같은 민원의 파도를 막지 못해 공무원 자격을 잃을 수 있다. 부패한 공무원은 민원 응대의 문제가 아니라 사느냐 죽느냐의 문제에 직면한다. 청렴하지 않은 공무원은 조직에서 퇴출당할 수밖에 없다.

## 부패의 대가는 참혹하다

민원 극복은 긍정적 방향으로 빠르게 전파된다. 그에 못지않게 민원을 극복하지 못한 상황 역시 부정적 방향으로 빠르게 전파된다. 공직 사회에서 청렴하지 못해 민원을 극복하지 못한 경우라면 더욱 그렇다.

예를 들어 민간 건설업체 계약 담당자가 특정 협력업체에게 금품 및 향응을 제공받고 그 대가로 일감을 밀어주려고 하다 적발되었다면 이는 계약 담당자의 개인 비위 행위로 여겨질 뿐 민간 건설사 전체 문제로 확산되지 않는다. 하지만 우리의 경우는 다르다. 부패의 문턱을 넘어선 일부 문제 공무원 때문에 지방자치단체, 광역단체 더 나아가 공직 사회 전체가 비리 집단으로 내몰리기도 한다. 그들만의 문제가 아닌 조직의 문제로 확대되는 셈이다. 그만큼 공직 사회에 대한 사회의 잣

대는 냉엄하다. 최근 LH 한국토지주택공사 부동산 투기 사건은 큰 사회 문제로 비화했다. 여론을 반영하듯 3개월 동안 수사 인력 1560명을 동원하여 전수 조사를 벌였지만 20명을 구속하는 데 그쳤다. LH 한국토지공사 전체 직원은 9643명, 비위로 적발된 직원은 0.2퍼센트에 불과했다. 그렇지만 LH 한국토지주택공사의 문제는 공기업과 공직 사회 전체의 문제로 대두되고 있다. 최근까지 3기 신도시 업무를 담당한 나 역시 외부 기관으로부터 의혹의 눈초리를 인사 발령 이후에도 꽤 오랜 시간 견뎌야 했다. 하지만 우리는 공무원이기 때문에 조직 일원의 잘못을 반성해야 하고 비판을 받아들여야 한다. 부패의 대가는 그만큼 참혹하다.

빰 때리고 주먹 휘두르고, 여성공무원 폭행한 간 큰 민원인들
(《연합뉴스TV》, 2020.06.19.)

경상남도 거제시청에서 50대 여성 공무원이 민원인에게 빰을 맞고 쓰러졌다. 어처구니없게도 공무원을 폭행해 쓰러뜨린 민원인은 현장에서 태연하게 아이스크림을 먹었다고 한다. 그

민원 극복을 위한 다섯 가지 방법

런데 기사 내용보다 댓글이 더 충격적이었다. 댓글의 상당수가 공무원을 부정적으로 묘사하고 있기 때문이다.

공권력이 무참하게 짓밟힌 상황에서 '맞을 만해서 맞았을 것 같다.', '공무원들 일 똑바로 해라.', '나도 답답한 마음에 공무원들을 때리고 싶었던 때가 한두 번이 아니다.' 등 부정적 댓글이 무려 47.6퍼센트를 차지했다. 심각하다. 선배, 동료의 일부 잘못된 행동에 대해 연대 책임을 묻는 느낌이다. 심지어 민원인에게 폭행을 당한 여성 공무원에게까지 말이다. 냉정함을 넘어 참혹한 현실이 아닐 수 없다.

친절하지 않은 것과 청렴하지 않은 것은 명백한 차이가 있다. 친절해도 청렴하지 않을 수 있고, 불친절하지만 청렴할 수 있다. 그러나 민원인은 이상하리만큼 이를 같다고 생각한다. 답답하지만 그래도 힘을 내자. 좋게 생각하면 우리가 청렴하면 친절하다는 평가를 덤으로 얻게 될 것이고, 청렴을 바탕으로 얻은 우리의 작은 민원 해결이 내일 동료의 민원 현장에서 슬기롭게 대처하는 밑거름이 될 수 있을 테니 말이다.

## 부패, 죽음을 부르는 공식

청렴이라는 울타리는 다방多方, 또는 쌍방雙方 민원을 막아내는 탁월한 기능을 한다. 민원 처리에 등급을 매긴다면 다방 민원은 최상급, 쌍방 민원은 상급에 해당한다. 하나의 민원에 여러 사람의 이해관계가 얽히고설켜 있으면 A방향으로 처리할 땐 B방향으로 처리하길 바라는 사람들의 원성을, B방향으로 처리할 땐 A방향으로 처리하길 바라는 사람들의 원성을 듣게 된다. 이러지도 못하고 저러지도 못하는 곤란한 상황이다.

A(민원인)가 공장을 건립하기 위해 한적한 마을에 토지를 매입하고 공장 건립 허가서를 제출, 행정 절차를 완료하는 단계에 있다. 그런데 B(마을 주민)가 이 사실을 알고 청정지역인 마을에 공장이 들어서게 둘 수 없다며 허가를 막기 위해 주민을 모아 민원을 제기한다.

이때 마을 주민 정서를 무시한 채 법적인 절차만 검토해 공장 건립을 허가한다면 B(마을 주민)는 인해전술人海戰術로 맞설 것이다. 시청 정문이 붉은색 허가 반대 플래카드로 도배될지도 모른다.

반대로 법적으로는 가능하지만 마을 주민을 의식해 허가하지 않는다면 어떨까? A는 자신의 재산권을 지키기 위해 변호사, 법무사, 설계사 등 각 분야 전문가를 동원하여 우리를 힘들게 할 것이다.

전형적인 쌍방 민원이다. 이 상황에서 담당자는 어떻게 해야 할까? 업무 지식과 공감 능력으로 소신껏 결정을 내리고 몰려드는 민원인을 맞이해야 하겠지만 이것만으로는 충분치 않다. 청렴이라는 방패를 갖추지 못한다면 막아낼 가능성은 거의 없다. 어쩌면 공직 생활을 불명예스럽게 마감할 수도 있다.

왜 그럴까? A의 허가 신청 이전으로 시간을 돌려보자. 담당자는 지인의 소개로 저녁 식사 자리에서 A를 만났다. 술을 마시며 분위기가 무르익어 2차로 이어진다. 향응이 제공되고 금품이 전달되지만 소개한 지인에 대한 믿음과 업무 연관성이 없다는 생각에 그만 감각이 무뎌진다.

그 후 A가 공장 허가 신청을 접수한다. 이를 알게 된 B는 반대를 위한 단체 행동에 나선다. 등줄기에 땀이 흐른다. A와 함께했던 술값을 정산하고, 받은 금품을 돌려주고 싶다는 생각이 간절하다. 하지만 늦었다. 이미 청렴의 방패를 사용할 수 없게 된 셈이다. 부패가 침투하면 생각이 굳어지고 시야가 흐려

지며 융통성 또한 사라진다.

이제 담당자는 A의 용병이 되고 만다. 소신에 의한 선택이
아니라 A가 요구하는 대로 행정 절차를 진행한다. 그리고 반
대 민원을 온몸으로 막아내야 한다. 청렴의 방패 없이 말이다.
결국 B의 반대 행동은 점점 거세지고, A는 허가 승인이 늦어
진다고 압박한다. 그러던 중 A쪽으로 편향된 입장을 고수하는
담당자가 A와 접촉한 적이 있다는 사실을 B가 알게 된다. 이
제 사태는 걷잡을 수 없다. 감사와 수사가 진행되고 담당자는
비리 공무원이라는 주홍글씨를 지우지 못하고 공직 사회에서
사라지게 된다.

실제로 경쟁 관계인 두 업체 이권에 휘말려 수사가 진행되
고 개운치 못한 금전 거래로 인해 중징계를 받거나 옷을 벗는
동료를 심심치 않게 볼 수 있다. 청렴이라는 방패로 방어하지
못한 결과다. 부패는 죽음으로 향하는 시스템이자 공식이다.

## 청렴을 지켜내는 세 가지 방법

A와 B가 격렬히 대치하는 상황에서 A가 금품과 향응을 제
공했다면 그걸 받을 만큼 정신 나간 공무원은 없을 것이다. 그

러나 부패는 항상 은밀하게 다가온다. 그렇다면 우리는 청렴을 어떻게 지켜낼 수 있을까?

① 초심을 잃지 말아야 한다

신규 공무원이 유혹에 넘어갈 일은 거의 없다. 부패가 스며들 틈이 없기 때문이다. 계속 그 마음만 유지하면 된다. 설사 유혹이 찾아온다 해도 지속적으로 거절하면 소위 '이빨도 안 들어가는 놈'으로 분류되어 자연스럽게 청탁에서 멀어진다. 무너지는 한 번을 경계해야 한다. 한 번이 힘들지 두세 번은 쉽다. 무너지는 한 번이 부패의 시작이다. 부패의 경계선에서 내가 어떻게 공무원 시험을 준비했고 합격했는지 생각해보자. 또한 경계선을 넘었을 때, 소탐대실小貪大失의 아이콘이 될 자신을 상상하며 초심을 지킨다면 청렴은 험난한 민원으로부터 자신을 보호하는 가장 튼튼한 방패가 될 것이다.

② 거지 근성을 버려야 한다

'국회의원, 기자, 검사, 공무원이 함께 식당에서 식사를 했다면 밥값은 누가 낼까?' 정답은 식당 주인이다. 얻어먹는 데 익숙한 직업군을 비꼬는 난센스 퀴즈다. 고건 전 총리가 처음 공직 생활을 시작할 때 아버지로부터 '누구 사람이라고 낙인찍히지 마라.', '남의 돈은 받지 마라.', '술 잘 먹는다고 소문내지 마라.' 등 공무원이 지켜야 할 삼계三誠를 받았다고 한다. 청렴의 대명 사이며, 세계청렴인상을 수상한 그도 공무원 후배들, 지역 주 민과의 소통을 위해 세 번째는 지키지 못했다고 한다. 인간관 계를 위한 사적 모임을 부패의 시작이라고 몰아가는 건 성급 한 판단일지 모른다. 하지만 생각해보자. 최근 저녁 식사 자 리에서 내가 계산한 경우가 몇 번인지 말이다. 조금 과한 말로 '거지 근성'을 버리고 돈 내는 연습을 해야 한다. 각자 내기가

낯간지럽다면 한 번 얻어먹었으면, 한 번 사면 된다. 이것이 인간관계와 청렴을 모두 지키는 방법이라고 생각한다.

③ 사명감을 가져야 한다

2019년 OECD가 발표한 국제 여론 조사에 따르면, "귀하는 우리 대한민국 정부를 신뢰하십니까?"라는 질문에 39퍼센트가 '그렇다.'고 대답했다고 한다. OECD 국가 중 22번째 성적이다. 조사 결과는 국민 100명 중 6명이 정부를 신뢰하지 않는다는 뜻이다. 이는 선배들이 우리에게 물려준 불명예스러운 유산이다. 그렇다고 우리 역시 후배들에게 그대로 물려줄 것인

가? 자식에게 더 좋은 환경을 물려주기 위해 밤낮으로 일하는 우리다. 그러니 후배들에게 명예로운 유산을 물려주기 위해 사명감을 가져야 한다. 청렴을 지키겠다는 각자의 작은 변화가 공직 사회 전체를 바꾸고 국민의 생각을 변화시킬 수 있다.

## 12. 넷, 원칙原則으로 자신을 보호한다

청렴에는 정情이라는 '티끌'을 띄울 수 있는 약간의 변칙이 존재한다고 볼 수도 있겠으나 원칙은 그렇지 않다. 우리 사회에서 가장 중요한 가치로 인식되는 공정과 맞닿아 있기 때문이다. 어떤 변칙도 허용되지 않는다. 원칙에 대한 확고한 신념은 언제 어디서 닥칠지 모르는 민원으로부터 우리를 보호한다.

영국 런던 거리에서 순찰 중인 경찰이, 한 고급 자동차가 신호를 위반하는 모습을 보았다. 경찰은 그 차를 갓길에 세우고 교통 범칙금을 발부하려는데 뭔가 이상했다. 운전자는 면허증을 요구하는 경찰의 요구보다 뒷좌석에 있는 사람의 눈치를 보며 쭈뼛거렸다.

민원 극복을 위한 다섯 가지 방법

뒷좌석에 앉은 사람은 영국 총리인 처칠이었다. 처칠은 조금 당황한 목소리로 경찰에게 말했다.

"정말 미안하네. 나는 총리인 처칠이네. 내가 지금 바쁜 회의가 있어 기사에게 신호를 무시하라고 지시했네. 정말로 급한 상황이니 신호 위반을 눈감아 주면 안 되겠나?"

하지만 경찰은 뒷좌석에 앉은 처칠을 보더니 신호 위반을 원칙대로 처벌했다.

"거짓말하지 마세요. 교통 법규조차 지키지 않는 사람이 총리일 리 없습니다."

처칠은 나중에 경찰청장에게 전화해 공정한 공무의 대가로 해당 경찰에게 '1계급 특진'을 하도록 요청했지만 경찰청장은 처칠에게 말했다.

"법을 제대로 집행한 사례에 대해서 승진시킨 예가 없습니다."

우리가 많이 알고 있는 이야기다. 도덕책에나 나올 법한 융통성이라고는 찾아볼 수 없는 답답한 사람들의 고리타분한 이야기로 치부할 수도 있다. 하지만 시각을 달리해보자. 민원 발생 상황에서 원칙이라는 확고한 신념을 잃지 않은 일선 경찰관과 경찰총장의 눈으로 앞의 장면을 재구성해보자.

일선 경찰관은 고급 자동차 뒷좌석에 앉은 사람이 총리인 처칠이라는 사실을 짐작했을 것이다. 그렇지만 지혜로운 말로 단호하게 원칙을 지켰다. 하위 공직자가 흔들릴 수 있는 상황에서 확고하게 소신을 지킨 것이다. 만약 총리라는 지위에 굴복하여 교통 법규 위반을 눈감았다면 어땠을까? 그 사실이 알려져 영국 전역에 있는 교통 법규 위반자들의 불만을 끌어들이게 될 것이다. 저마다 교통 법규를 어길 수밖에 없었던 이유를 피력하며 경찰서로 몰려가 아우성칠 것이다. 원칙을 저버린 대가다.

그렇다면 경찰총장은 어떨까? 아무리 경찰총장이라도 총리의 말이라는 무게를 감당하기 어렵다. 그러나 그 역시 원칙을 지켰다. 경찰총장이 총리의 청탁을 받아들였다면 어떤 결과가 나타날까? 아마도 원칙을 지키며 묵묵히 일한 경찰관들에게

민원 극복을 위한 다섯 가지 방법

큰 실망을 안겼을 것이다.

원칙을 외면하고 정당한 이유 없이 예외를 인정한다면 이를 믿고 지켜온 수많은 사람을 배신하는 행동이 된다. 그 결과 내부 불만이 쌓이고, 원칙 없는 민원 처리로 시민은 불편해지고 더 많은 민원이 쏟아질 것이다.

## 문제는 '정'이다

"말하지 않아도 알아요."는 정을 전면에 내세운 CM송이다. 읽기만 해도 노랫가락이 들릴 정도로 익숙하다. 한국인이 가장 강조하는 고유 정서인 정이라니. 혈연, 지연, 학연도 모자라 흡연(흡연자들이 담배를 피우며 친해지는 것)까지 인연으로 불러내 4대 연줄로 이야기하는 것만 봐도 그렇다. 한 다리 건너면 다 아는 사람이라는 표현도 맥을 같이한다. 하지만 이것이 확고한 원칙을 흔드는 가장 무서운 적이라는 사실을 아는 사람은 많지 않다.

"친구가 차를 몰고 가다 과속해서 사람을 치었고, 당신은 그 차에 동승하고 있었다. 유일한 증인인 당신이 과속 사실을 숨기면 친구는 가벼운 처벌만 받지만, 사실대로 말하면 큰 벌을 받게 된다. 당신은 법정에서 친구를 위해 거짓말을 할 용의가 있는가?"

암스테르담 자유대학교 교수 폰스 트롬페나스Fons Trompenaars 와 케임브리지대학교 교수 찰스 햄든 터너Charles Hampden-Turner 는 50여 개국의 사람들을 표본으로 선정하여 이런 상황에서 어떻게 할 것인지 질문했다. "아무리 친구라 하더라도 진실을 이야기 한다."는 비율이 캐나다 사람의 경우 96퍼센트에 이르렀고 미국, 스위스, 스웨덴 사람의 경우 90퍼센트를 넘었다. 이와 달리 일본, 싱가포르 사람은 60퍼센트대, 중국, 인도네시아 사람은 40퍼센트대를 기록했고 한국 사람은 26퍼센트로 조사 대상 국가 중 꼴찌였다. "그 정도는 거짓말도 아니다.", "아무도 본 사람이 없는데 친구를 위해서라면 거짓말하는 것이 뭔 대수겠어."라고 대답한 사람이 74퍼센트라는 이야기다.

자신도 모르는 사이 정이라는 연줄에 이끌려 일을 그르칠 수 있다. 이때 흔들리면 안 된다. 물론 쉽지 않다. 하지만 학연, 지연, 혈연 등에 얽혀 원칙을 버리고 예외를 인정하는 순간, 예외의 혜택을 받지 못한 수백, 수천, 수만의 민원인이 들이닥친

민원 극복을 위한 다섯 가지 방법

다는 사실을 잊지 말아야 한다.

## 초반을 버텨라

흔들림 없이 원칙을 고수한다는 건 쉬운 일이 아니다. 새로운 원칙 수립 과정은 그보다 두 배 이상의 강인함을 요구한다. 새로운 원칙이 정착되기까지 수많은 민원이 제기되기 때문이다. 바로 그때 이런 생각이 들지 않으면 이상하다.

'가만히 있을 걸 괜히 일을 벌여 민원만 폭증하네…….'

초반이 힘들다. 축구 경기도 전반 5분까지 실점 가능성이 높다. 세계 최초 8000미터급 16좌 완등이라는 역사를 쓴 엄홍길 대장도 등반 초반 30분이 힘들다고 말한다. 이처럼 원칙을 지키려는 초반은 언제나 힘겹다. 마치 우리를 시험하려는 듯 원칙을 무너뜨리려는 민원도 평균을 훨씬 상회한다. 그러나 뚜렷한 목적, 해박한 업무 지식, 법적 근거를 바탕으로 세운 원칙은 결국 빛을 발한다. 수를 헤아릴 수 없는 잠재된 민원으로부터 나와 동료를 보호할 수 있기 때문이다.

도로법에 규정되지 않은 비법정도로로 마을로 통하는 좁은 길을 '마을안길'이라고 한다. 이 도로는 새마을운동으로 조성되어 대부분 40년이 넘은 것들이라 정비가 필요했다. 지방자치단체는 마을안길 정비 사업 명목으로 예산을 책정하고 마을 대표를 중심으로 사업 신청 건의를 받아 정비 사업을 진행했다. 그런데 문제가 생기기 시작했다. 마을안길의 90퍼센트 이상이 사유지였기 때문이다. 인식이 변하고 지가가 상승하면서 자기 땅에 길이 나는 것(엄밀히 말하면 기존 길을 재포장하는 것)에 반발한 토지 소유주들의 민원이 발생하기 시작했다. 행정 기관은 도로 개설이 아닌 기존 길에 대한 보수 사업이며, 마을 대표의 동의를 얻어 진행했다는 답변으로 민원에 대응했다.

하지만 토지 소유주들의 불만은 민사 소송으로 이어졌다. 결국 행정 기관이 패소하여 포장면을 원상복구하거나 토지 소유자에게 부당이득금을 지급하게 되었다. 행정 기관 입장에서는 예산을 투입하여 마을안길을 정비하고, 패소하여 정비한 길을 다시 걷어내는 불합리한 상황이 발생한 것이다. 새로운 원칙을 세워야 했다.

당초 마을안길 정비 사업을 진행할 때는 도로의 노후화와 파손 형태만 고려했다. 그러나 이제는 토지 소유주의 동의 여부가 필수 조건이라는 원칙이 생겼다. 예산 낭비를 막기 위한 불가피한 선택이었다. 하지만 새로운 원칙 수립 과정은 험난했고 예상대로 민원이 빗발쳤다.

"토지 소유자가 사망했는데 저승에서 동의를 받아야 하냐?"
"토지 소유자가 행방불명이다. 제발 찾아달라."
"토지 소유자가 외국에 있다. 동의서를 받아올 테니 항공료를 지원해달라."

수준을 가늠하기 어려운 전방위적 민원이 제기되기 시작했다. 이런 상황을 극복할 수 있는 건 원칙뿐이다. 민원 제기 이유를 공감하고, 왜 이런 원칙을 수립할 수밖에 없었는지 설명했다. 초반을 잘 버텨야 했다. 꺾이지 않는 원칙 덕분에 민원은 점점 줄어들었다. 민원인이 마을안길 정비 사업을 건의하기 전 토지 소유주 동의 여부를 살펴본다는 건 우리의 원칙이 그들의 원칙이 된다는 뜻이다. 명확한 원칙을 고수한 결과인 셈이다.

누군가 내게 "대체 초반이 언제까지냐?"고 묻는다. 나는 이렇게 대답한다. "우리의 원칙이 그들의 원칙이 되는 순간까지가 초반이다."라고. 그때까지 견디면 된다. 이후에는 담당자의 응대가 아닌 원칙이 민원을 해결한다.

## 원칙을 지키는 법

초임 공무원에게는 원칙의 중요성을 인식하기 전에 원칙을 세우는 과정부터가 높은 벽이다. 초임 공무원은 원칙이 중요한 인허가 부서에 발령받게 되면 업무 수행에 상당한 어려움을 토로한다. 그런 상황에서 힘이 되는 두 가지 방법이 있다.

### ① 업무 지식과 근거를 기반으로 원칙을 세운다

업무 지식과 관련 법에 근거를 두지 않은 원칙은 제대로 된 기준이 될 수 없다. 담당자의 고집이며 아집일 뿐이다. 재산권, 생존권을 지키려 하는 민원인을 단순 고집만으로 막아낼 수 없다. 근거 없는 원칙을 고집할 경우, 오히려 또 다른 민원을 낳는다. 적절하게 차단하지 않는다면 민원은 행정 소송으로 이어질 수 있다. 그래서 어떤 원칙을 세우느냐가 중요하다.

신규자는 어쩔 수 없다. 선배의 경험을 배우고 법령집과 업무 지침을 따라야 한다. 그런 과정을 거쳐 만든 원칙을 앞세워 초반을 버텨내고 일정 시간이 지나면 견고해진 원칙이 자신을 지켜준다.

② 동료와 연합하라

고유 업무에 전화민원, 대면민원, 서면민원까지 겹치면 숨 쉴 틈이 없다. 초임 공무원은 급박한 상황에서 고개도 들지 못하고 허우적대기 쉽다. 하지만 고개를 들어 주변을 둘러보자. 동료들이 있다. 혼자만의 일이 아니다. 동료와 연합하면 원칙은 더욱 빛을 발한다. 예를 들어보자. 인허가 처리를 할 때 법령만으로 명확한 해석이 가능하다면 얼마나 좋겠는가? 하지만 현실은 그렇지 않다. 법, 시행령, 시행규칙 모두 찾아봐도 직면한 문제를 타개할 방법을 찾지 못할 때도 많다. 예측할 수 없는 사례를 법령에 모두 담아낼 수 없기 때문이다. 이럴 때는 법령 해석에 근거한 담당자의 원칙이 중요하다. 담당자의 원칙이 팀원 사이에 공유되어 팀 원칙이 되면 그 힘은 배가 된다. 더 나아가 팀과 팀 사이에 공감대가 형성되어 부서의 원칙이 되고 시·군의 원칙이 된다면 외로운 민원 현장에서 천군만 마를 얻은 효과를 발휘한다.

이제 우리는 어떤 갈등도 이겨낼 수 있는 명확한 업무 지식, 탁월한 공감 능력, 청렴이라는 방패, 여기에 더해 나와 조직을 보호할 수 있는 원칙도 갖췄다. 이제 거의 다 왔다. 민원의 파도를 극복할 순간이 눈앞이다.


# 13. 다섯. 진심眞心은 돈보다 귀하다

경험 많은 공무원도 민원 현장에서 일반적인 응대로 극복할 수 없는 느낌의 민원인을 만나는 경우가 있다. 지식, 공감, 청렴, 원칙 등 민원 극복을 위한 네 가지 방법을 동원해도 통하지 않을 때면 자신감이 떨어진다. 하지만 포기하기엔 이르다. 우리에게는 '진심'이 남았기 때문이다. '진심'은 앞서 이야기한 민원 응대 방법보다 다루기 어렵지만 효과는 상상을 초월한다. 제대로 사용한다면 막대한 보상금을 물어야 할 상황을 모면할

민원 극복을 위한 다섯 가지 방법

수 있다.

일리노이 대학병원 외과 과장 다스 굽타Das Gupta 박사는 40여 년 경력의 유명한 의사였다. 수술 도중 아홉 번째 갈비뼈의 조직을 떼어내야 했는데, 그만 여덟 번째 갈비뼈의 조직을 떼어내는 치명적 실수를 저지르고 말았다. 분노한 환자와 가족은 의료 사고를 주장하며 소송을 준비했다. 많은 의사가 자신의 실수를 감추려 하거나 전문 분야의 특성을 이용하여 진실을 왜곡하려고 한다. 하지만 굽타 박사는 전혀 다른 선택을 했다. 환자와 가족에게 진실을 이야기하고 잘못을 사죄하며 진심 어린 사과를 했다. 그러자 환자와 가족은 최소 수억 원의 보상금을 받을 수 있는 소송을 포기하고 병원 측과 8000만 원에 합의했다. 그러면서 오히려 굽타 박사를 위로했다. 그들은 박사의 진심을 느끼고 사과를 받아들였다. 환자 가족은 다음과 같이 말했다.

"박사님이 모든 점에서 솔직하게 자신의 잘못을 이야기할 때 놀랍게도 그간의 모든 분노가 눈 녹듯 사라졌습니다."

문제가 불거지면 대부분 자신의 책임을 회피하기 위해 변명을 선택한다. 사과와 변명의 구분점은 진심이 느껴지느냐 아니냐에 달려 있다. 굽타 박사는 환자와 환자 가족에게 진정한 용서를 구하고자 변명 대신 진심 어린 사과를 선택했다. 박사의 진심을 받아들인 환자와 환자 가족은 수억 원의 보상금을 포기하고 오히려 박사를 진심으로 위로했다. 진심의 가치가 돈의 가치를 뛰어넘는 순간이다.

## 모든 감각을 동원해 민원인의 말을 경청하라

공감과 마찬가지로 진심도 '듣기'에서 시작한다. 제대로 들어야 이해하고, 이해해야 공감하며, 공감해야 진심을 담을 수 있다. 공감하지 않고 진심을 담을 수 있다는 말은 덧셈, 뺄셈은 몰라도 미분, 적분은 가능하다는 것과 같다.

상대방의 말을 경청하려면 어떻게 해야 할까? 민원인이 오면 즉시 하던 일을 멈추고(컴퓨터 자판에서 손을 내려놓고) 민원인과 눈을 맞추며 마음속에서 경청의 스위치를 켜야 한다. 그리고 민원인의 이야기에 집중해야 한다.

가을 아침 궁평항 바닷바람이 쌀쌀했다. 불법 노점상 행정 대집행을 예고한 날이 왔다. 철거에 필요한 각종 장비, 인력이 집결했다. 충돌을 피하기 위해 궁평항 내 모든 노점상이 자진 해서 철수했지만 수제 핫도그를 판매하는 '할머니집'은 예외였 다. 할머니는 지게차로 들어 올릴 수 없게 노점 컨테이너 앞에 차량을 주차하고 운전석에 앉아 담당자인 나를 노려보고 있 었다. 궁평항에서 유명한 분이었다. 지난 강제 철거 시도 때는 온몸으로 저항하며 바닷물에 뛰어들겠다는 할머니를 간신히 막았다는 이야기도 들었다. 장비와 인력을 강제로 투입하기 도, 그렇다고 마냥 대기할 수도 없는 상황이었다. 결정을 내려 야 했다. 나는 조용히 할머니가 타고 계신 차로 다가가 조수석 문을 열고 옆자리에 앉았다. 욕 한 바가지 먹고 시작할 각오였 는데 할머니는 의외로 부드러웠다.

난 아무 말도 하지 않았다. 대신 할머니의 눈을 보며 최대한 이야기에 집중하려고 노력했다. 특별한 이야기도 아니다. 할 머니의 인생사다. 4D 영화관에 앉은 것처럼 그분의 목소리에 맞춰 의자가 진동했고, 클라이맥스에서는 얼굴에 침이 튀기도 했다. '그 연세에 혼자 노점상을 운영하는 일 자체만으로 얼마나 힘드셨을까'하는 생각이 들었다. 나는 이야기를 마친 할머니께 "그동안 고생하셨다."고 진심으로 위로했다.

할머니는 한동안 말 없이 바다를 바라보더니 "30분만 더 있다가 가겠다."고 말했고 나는 차에서 내렸다. 그러고는 정확히 30분 후 할머니가 떠나자 할머니의 컨테이너 노점을 마지막으로 행정 대집행이 완료되었다. 그토록 완강했던 할머니를 어떻게 설득했느냐는 동료의 물음에 그냥 웃음만 지었다.

민원 현장에서 진정 까다로운 상대를 만날 때 그의 말을 온몸으로 듣는 건 어떨까? 진심을 다해 민원인의 말을 듣기란 결코 쉽지 않다. 하지만 쉽지 않은 만큼 경청하고 공감하는 자세를 온전히 보인다면 상상 이상의 힘을 발휘한다.

## '진심'으로 민원의 파도를 넘다

마음을 다지고 민원 현장으로 나섰다. 평소와 다르게 민원인이 셀 수 없이 많고 어떤 방식으로 민원을 제기할지 가늠조차 할 수 없다. 도저히 승산이 보이지 않는다. 현실이 아니라 게임이라면 마음 편하겠다. 강력한 아이템을 사용해 위기를 모면할 수 있으니까. 하지만 민원 현장은 현실이다. 지금까지의 경험과 지식, 원칙을 가지고 민원인에게 진심으로 다가가는 수밖에 없다.

## 전운이 감도는 궁평항

궁평항은 수도권에 있고, 바다를 볼 수 있으며, 대규모 수산물 직판장을 갖춰 많은 관광객이 찾는다. 사람이 몰리는 곳은 노점상 영업의 최적지다. 궁평항이 그랬다. 처음 업무를 담당했을 때 총 52개의 노점상이 영업 중이었다. 한정된 공간을 감안하면 포화 상태였다. 크지 않은 이 공간을 두고 서로 다른 여러 생각이 존재했다.

- 화성시: 이 상태로는 안 된다. 위생 상태를 보장하고 관광 명소로 발돋움할 수 있도록 합법적인 〈노점문화 먹거리 단지〉를 조성해야 한다. 점포 수는 25개 수준으로 줄여야 한다.
- 경찰서: 불법은 용납할 수 없다. 다만 합법적인 노점상 정비에 찬성하며, 그 기준에 대해서는 협의해야 한다.
- 노점 단체: 무조건 생존권 사수다. 〈노점문화 먹거리 단지〉 조성엔 찬성한다. 하지만 52개 점포 모두 인정해야 한다.
- 수산물 직판장: 불법의 합법화는 반대한다. 직판장 매출에 영향을 줄 수 있고, 합법적으로 영업하는 사람들에게 상대적 박탈감을 느끼게 할 수 있다.
- 어민 단체(3곳): 궁평항은 국가 어항으로 어민에게 허락된 공간이다.

그런 곳에 어민과 상관없는 〈노점문화 먹거리 단지〉를 조성하는 계획에 결사 반대한다.

각기 다른 생각을 가진 민원인이 모였다. 전운이 감돈다. 시정 추진 방향에 맞서 노점 단체 200여 명, 수산물 직판장 250여 명, 어민 3개 단체 600여 명 등 1000여 개의 다른 시선이 존재한다. 그야말로 얽히고설킨 상황이다. 게다가 각 단체 내에서도 의견이 분분했다. 이런 상황에서는 단체마다 하나의 목소리를 내게 하는 일이 우선이다. 그래서 총 7개 단체 대표가 참여하는 '노점문화 개선 위원회'를 구성했다.

위원회는 11차 회의를 진행하는 동안 노점 단체 대표와 25개 점포로 줄이며 합법화를 추진하는 안에 대해 합의했다. 이제 명백한 양자 대립 구조다. 화성시, 경찰서, 노점 단체 포함 3개 단체는 〈노점문화 먹거리 단지〉에 찬성. 수산물 직판장과 어민 단체 3곳을 포함한 4개 단체는 반대 입장이다. 서로의 입장이 완고해 차이를 좁힐 수 없었다. 12, 13차 회의를 진행하며 이제는 의미 없이 행정력을 낭비할 수 없다는 생각이 들었다. 끝을 내야 할 시점이었다. 다음 회의에서 7개 단체 대표가 무기명 투표를 진행하여 다수결에 의해 〈노점문화 먹거리 단지〉 조성 찬반을 결정하기로 했다. 어떤 결정이 나더라도 그에 반대하는 단체의 내부 민원은 각 단체 대표가 책임지고 처리한다는 조건이었다.

겉으로 보면 이미 기울어진 운동장이다. 찬성 단체는 3곳, 반대 단체는 4곳이었으므로 무기명 투표 결과는 결정된 듯했다.

무기명 투표일 하루 전, 반대 입장 단체 대표의 마음을 설득

민원 극복을 위한 다섯 가지 방법

해야 했다. 어민 단체 3곳 중 대표 한 명에게 전화했다.

"대표님, 댁으로 찾아뵙고 드릴 말씀이 있습니다."

"음……음, 그래 알았네."

그는 내 방문 목적을 짐작했는지 머뭇거렸지만 결국 주소를 알려주었다. 찾아간 곳은 한적한 산속에 정원이 있는 전원주택이었다. 주인의 애정이 느껴지는 깔끔하게 정돈된 집이었다. 칭찬이 저절로 나왔다.

"정원 관리가 쉽지 않은데 정말 깔끔해요. 제가 고기 사올 테니 언제 한번 바비큐 파티 하시죠."

"농기계와 레저용 차량이 분리된 이렇게 멋진 차고는 TV에서 나 봤어요."

단체 대표는 경계의 마음을 풀고 집 안 곳곳을 안내했고 거실에서 과일을 먹으며 대표 부인까지 합류해 이야기를 나눴다. 집 안과 밖을 자유롭게 드나드는 강아지 이야기, 거실 TV

에서 방영되던 드라마 이야기 등……. 한 시간쯤 흘렀을까? 단체 대표가 무거운 목소리로 먼저 말을 꺼냈다.

"한 주무관, 왜 찾아왔는지 알겠네만, 그렇게 해줄 수 없어."
"저도 대표님께 무조건 찬성해달라고 온 건 아닙니다."

나는 준비해간 궁평항 노점상의 변화된 청사진을 보였다.

"제가 꿈꾸고 대표님이 바라는 궁평항의 모습이 다르지 않을 텐데, 더 이상 대립이 없었으면 좋겠어요. 제가 무슨 사심이 있어서 노점상 합법화를 위해 이렇게 뛰어다니겠어요. 이 방향이 궁평항을 위한 최선의 길이라는 확신이 있기 때문이에요. 전국에서 가장 멋진 노점 거리를 만들 자신도 있어요."

더 보태거나 덜어낸 것도 없었다. 이것이 나의 진심이었다. '노점상 결사 반대'라는 장벽에 가로막혀 더 멀리 내다보지 못하는 당사자들에게 느낀 안타까운 마음을 그대로 전달했다. 그럼에도 불구하고 단체 대표의 긍정적인 대답을 듣지 못했다.

결전의 날이 왔다. 7명의 단체장이 궁평항에 모여 무기명 투표를 실시했다. 7장의 투표용지가 내 손에 들어왔다. 한 장씩 펼치며 결과를 발표했다. 공교롭게도 6장의 투표용지를 펼쳤을 때 찬성 3표, 반대 3표가 나왔다. 어찌 보면 모두가 예상한 결과였다. 마지막 남은 한 표에 모든 이목이 집중됐다. 찬성! 결국 〈노점문화 먹거리 단지〉 조성 사업은 급물살을 타게 됐다. 사심 없이 진심으로 궁평항을 생각하는 마음이 전달되어 1000여 건의 민원이 일거에 해결되었다. 무기명 투표 전 만난 단체 대표가 마지막 찬성표를 던졌는지 확인할 수 없다. 중요한 건 여러 차례 회의를 하고 만남이 이뤄지는 사이에 반대하던 누군가에게 나의 진심이 통했다는 사실이다.

가끔 후배들과 이야기하다 보면 "저는 진심으로 민원인이 원하는 방향으로 해결하려는데 민원인이 불쾌한 듯 화를 내요."라는 말을 자주 듣는다. 어쩌면 전달하려는 진심과 다르게 담당자의 표정과 말투가 경직되어 있었거나 다른 요인에 의해 민원인을 불편하게 했을 가능성이 크다. 대개 표현이 서툴러서 생기는 일이다. 우리가 진심으로 민원인을 대한다고 하지만 그들이 마음을 돌리지 않는 이유는 단 하나다. 그들에게 진심이 전달되지 않았기 때문이다.

앞서 소개한 '지식, 공감, 원칙, 청렴'을 통해 진심을 전달해야 한다. 말처럼 쉬운 일은 아니다. 그래도 노력해야 한다. 나라의 녹을 먹는 공무원이기 때문이 아니다. 민원인을 섬겨야 하는 숙명과도 같은 사명 때문도 아니다. 우리 각자의 감정 소모를 줄이고 민원 응대 시간을 줄이기 위해서다. 응대 지수를 높이고 대응 지수를 낮추는 일은 그 누구도 아닌 우리 자신을 위해서다. 상대에게 진심을 왜곡 없이 전달할 수 있다면 민원 극복의 주인공은 바로 내가 될 수 있다.

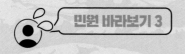

## "민원의 본질은 욕망의 구현이다"

지나치게 강한 표현일 수 있지만 민원의 본질은 '욕망의 구현'이다. 강성 민원은 민원인의 욕심에 기인한다. 마을안길 포장을 위해 토지 소유주의 동의를 받는다. 개인 사유지를 길로 이용하기 위함이다. 설득에 설득 과정을 거쳐 어렵게 동의를 받고 사업 계획을 세운다. 그리고 예산을 확보한다. 그런데 공사 시작 전 갑작스럽게 소유주가 동의 취소를 통보한다. 지가 상승, 개별 개발 계획 등 다양한 이유가 있지만, 한마디로 말하면 욕심이 생겼기 때문이다. 개인적인 욕심 앞에 공익, 예산 낭비, 행정 절차 혼란 등은 아무 문제가 되지 않는다.

한번은 소규모 공장이 밀집된 지역의 도로 포장을 진행했다. 공장 소유주가 제기한 민원 때문에 현장을 방문해 보니 재포장이 필요할 만큼 도로 상태가 좋지 않았다. 당장이라도 공사를 시작해야 할 상황이었다. 하지만 콘크리트 포장 시 양생 기간이 필요해 일주일 정도 도로를 사용할 수 없다는 문제가 있었다. 공장 밀집 지역이라 잦은 물류 이송으로 도로 폐쇄는 사실상 불가능하다고 생각했다. 그런데 공장 소유주들이 합심하여 일주일간 도로 사용 금지를 약속하고 공사 추진을 재차 요청하는 게 아닌가. 결국 도로 재포장 요구 민원으로 공사가 시작되었다. 이후 일주일은 악몽 같았다. 도로 사용 금지 약속과 별개로 민원이 계속 들어왔다. 그 종류 또한 다양했다. '급한 발주처의 주문으로 도로를 사용해야 한다.', '피해 보상과 책임을 누구에게 물어야 하느냐?', '도로 포장 공사에 찬성하지 않았다.' 등 끊임없이 제기되는 민원은 결국 각자의 욕망을 포기하려 하지 않기 때문이다.

민원을 원만하게 해결하기 위해서는 민원인이 원하는 바에 집중해야 한다. 하지만 모두를 만족시키기란 쉽지 않다. 각자의 욕망이 다르기 때문이다. 그것이 공무원의 숙명이자 한계다.

# PART 4

3·5·7
전략으로
승부하라

손무는 《손자병법》에서 "묘책이 많으면 승리할 수 있고, 묘책이 적으면 승리할 수 없다."고 했다. 민원 극복 과정도 마찬가지다. 민원을 극복하기 위해 아무리 좋은 방법(지식, 공감, 청렴, 원칙, 진심)을 갖추더라도 그에 맞는 전략이 없으면 민원 해결의 효율성은 현저히 떨어진다. 민원 극복에도 다양한 응대 전략이 필요하다.

이제 민원 상황을 '전화민원', '대면민원', '서면민원' 세 가지로 나눠 그에 맞는 응대 전략을 알아보자. 민원에 따른 응대가 다른 까닭은 민원인이 원하는 응대 수준이 다르기 때문이다.

일례로 신속하게 처리할 목적으로 전화로 문의하는 민원인에게 심도 깊은 검토를 요하는 서면민원 수준의 서비스를 제공한다면 어떨까? 생각지 못한 과분한 서비스를 받았다고 만족할까? 그렇지 않다. 민원인은 늦은 처리에 불만을 느낄 뿐이다. 담당자는 쓰지 않아도 될 에너지를 사용한 탓에 체력이 방전되고 만다.

지금부터 수많은 민원 현장에서 여러 사례를 거듭하며 얻어낸 3·5·7 전략을 소개하고자 한다. 부디 자신의 상황에 맞는 최적의 전략을 찾아 민원 극복을 향한 지름길로 나아가길 바란다.

## 14. 3전략: 전화민원, 3분 안에 끝내라

우리 주위를 둘러보면 민원 응대 실패로 몹시 지쳐 있는 동료를 발견할 때가 있다. 그런 동료가 많을수록 사무실 분위기는 어두워지고, 이런 분위기가 지속되면 직장 생활 자체가 괴로움의 연속이다. 잦은 실패는 나쁜 습관이 되어 삶의 불행으로 이어진다.

① 상황 1

동료의 흥분한 목소리가 사무실에 울려 퍼진다.

"선생님, 그건 아니라고 말씀드렸잖아요."

수화기 너머 민원인 목소리가 나에게까지 들린다.

"내가 왜 당신 선생님이야?"

어려운 상황이다. 호칭마저 꼬투리를 잡으면 최소 '30분 이상'이라는 뜻이다. 동료는 민원 응대 후 신경질적으로 전화를 끊고 알아듣지 못할 말을 중얼거리며 사무실을 나간다. 담배한 개비 피울 시간이 흘렀을까? 돌아온 동료는 아무 일 없었다는 듯 컴퓨터 앞에 앉는다.

② 상황 2

새로운 부서에 발령되고 얼마 지나지 않았을 때다. 갑자기 소리를 버럭 지르며 들어오는 민원인. 그를 상대하는 담당자는 30분 동안 아무 말도 못하고 고개만 끄덕이고 있다. 세상의 모든 짐을 짊어진 듯한 표정에서 비장함마저 느껴진다. 민원 응대가 끝났을 때 담당자에게 물었다.

"무슨 문제이길래 민원인을 그렇게 상대해?"

담당자는 멋쩍은 웃음을 지으며 이렇게 대답한다.

"한 달에 한 번 찾아오는 민원인이에요. 30분 동안 욕만 먹으면 되는 일이라서 그나마 견딜 만해요."

우리 주위에서 흔히 볼 수 있는 민원 극복 실패에 익숙해진 모습이다. 현명한 민원 극복의 기준은 전화민원 3분, 대면민원 5분 내 종결이다. 이 기준으로 볼 때 앞의 두 담당자는 처참하게 실패했다. 그런데도 담배 한 개비 연기에 아픔을 날려버리거나 30분 동안 민원인의 욕을 들어줄 만하다며 웃다니 놀라운 일이다. 다른 사람의 이야기가 아니다. 우리와 함께 일하는 동료의 이야기다. 그들은 비효율적인 민원 처리로 일과 시간

의 대부분을 민원 응대에 쓴다. 결국 부족한 업무 시간을 채우기 위해 야근과 주말 근무를 마다하지 않는다. 일과 삶의 균형 Work-Life Balance은 다음 생에나 있을 법한 이야기다.

그런데 민원 극복 실패는 그걸로 끝이 아니다. 이제부터 악순환이다. 과도한 업무로 육체와 정신이 피폐해져 민원인을 응대할 때마다 신경이 날카로워지고 민원인과 대립하며 실패를 거듭하게 된다. 그리고 스스로 괜찮다고 되뇌며 실패를 쉽게 받아들이게 된다. 그럴수록 삶의 질은 모래를 한 줌 삼킨 것처럼 퍽퍽해질 뿐이다.

공무원 합격 순간부터 우리 인생의 내비게이션은 '행복'이라는 목적지로 설정되었다. 지금은 어떤가? 경로 이탈 경고를 무시한 채 불행의 길을 맴돌고 있지 않은가? 그렇다면 이제라도 행복의 길로 방향을 바꿔야 한다. 우리가 받은 공무원 합격 통지서에는 행복해질 권리까지 포함되어 있다.

## 전략은 민원 극복을 향한 나침반이다

전략은 현명한 민원 극복 방향을 알려주는 나침반이다.

"저는 전략은 없지만 선배님의 극복 조건을 충족하는 민원 응대를 하고 있어요."

내 강의를 듣고 난 후 한 후배가 이렇게 이야기했다. 반은 맞고 반은 틀렸다. 그 후배는 나무랄 데 없이 물 흐르듯 민원을 처리하고 있지만, 자신이 구사하는 전략을 인지하고 있지 않다. 민원을 극복한 결과에 대한 기억보다 중요한 건 민원을 극복한 과정을 기억하는 일이다. 그 기억을 체계화하면 전략이 된다. 뛰어나다고 검증된 전략은 민원 극복을 위한 나침반이 되어준다. 반면 민원을 해결했다는 기억만 갖고 있는 후배는 지금까지 특유의 감각으로 잘 버텨왔지만 위기 상황에 봉착하면 흔들릴 가능성이 크다.

다행스럽게도 우리는 '지식, 공감, 청렴, 원칙'에 진심까지 담는 방법을 익혔다. 이런 방법은 민원 극복 확률을 높이지만 결과를 보장해주지는 않는다. 숙달된 능력과 탁월한 전략이 만날 때 효과는 배가 된다. 그렇다면 수없이 많은 민원 상황을 어떻게 분류하고 그에 맞는 전략을 세워야 할까? 이상적인 방법은 민원인의 개별적 특성을 파악하고 맞춤 전략을 구사하는 것이다. 하지만 수백, 수천 가지에 이르는 민원을 민원인의 성격, 심리 상태, 제기 방법에 따라 분류하는 것 자체가 불가능한 현실이다.

경험이 쌓이면 민원인과 마주하는 15초만으로도 민원의 특성을 정확히 파악하고 최적의 방법과 전략을 꺼내 깔끔하게 대처할 수 있다. 그러나 이는 탁월한 민원 처리 감각과 능력을 갖춘 극소수의 사람에 한정된 이야기다. 우리 같은 일반인은 범접하기 어렵다. 이 때문에 나는 누구나 쉽게 적용할 수 있도록 민원을 전화민원, 대면민원, 서면민원 등 세 가지로 단순 분류했다. 세 가지 민원은 똑같은 수준이 아니기에 각각 민원에 맞는 전략을 수립해야 한다. 지금부터 오랜 경험으로 터득한

3·5·7 전략을 제시한다.

## 전화민원의 핵심은 속전속결速戰速決이다

모든 민원 응대 핵심은 속전속결이다. 그중 전화민원은 특히 그렇다. 민원인 입장에서 생각하면 쉽게 이해할 수 있다. 우리가 민원인이라면 전화로 민원을 제기하는 이유가 무엇이겠는가? 아마 둘 중 하나일 것이다. 긴급한 사항이거나 전화 안내만으로 간단히 해결할 수 있다고 생각하는 경우이거나.

어떤 사람이 운전 중이라고 가정해보자. 공사 현장을 지나다 공사 안내 표지판이 제대로 설치되어 있지 않아 사고가 났다. 혹은 트럭 적재함에서 떨어진 화물이 도로 한가운데 방치된 것을 발견했다. 그는 관련 부서를 방문하거나 서면으로 제출하지 않고 주저 없이 핸드폰을 꺼낼 것이다. 신속히 해결해야 하는 사안이라고 보기 때문이다. 간단한 처리가 가능하다고 판단하는 민원 역시 마찬가지다.

이처럼 전화민원을 하는 민원인이 바라는 것은 단 하나 신속한 해결이다. 우리 역시 길게 끌 이유가 없다. 그래서 전화민원은 대면민원이나 서면민원보다 가장 많이 제기되고 처리

난도는 가장 낮은 편이다. 그렇다면 전화민원을 효율적으로 처리하는 방법은 무엇일까? 3·5·7 전략 중 '3전략'으로 세 가지만 알면 된다.

### 첫 번째, 전화민원 3분 안에 끝내라

가족, 연인, 친구가 아닌 이상 3분 이상 통화할 일은 거의 없다. 전화 응대를 3분 이상 끄는 건 민원인도 우리도 원하는 바가 아니다. 민원에 대한 정확한 지식, 따뜻한 공감, 투철한 청렴, 확실한 원칙, 진심을 담은 듣기와 말하기를 이용하면 어렵지 않게 3분 안에 끝낼 수 있다. 우리는 이미 전화민원을 극복하기 위한 모든 역량을 갖추고 있다. 중요한 건 3분 안에 끝낼 수 있다는 자신감, 끝내야 한다는 마음가짐이다.

"민원인은 전화만 하면 왜 저한테 화를 내는지 모르겠어요……."

같은 부서에서 근무하는 후배의 질문이었다. 미혼인 그는 연애와 같은 사적인 생활을 포기하며 업무에 매진했다. 또한 법령, 지침 등을 손에서 놓지 않으며 업무에 필요한 지식을 쌓기 위해 부단히 노력하고 있었다. 그런데 유독 전화민원을 응대할 때 민원인과의 설전은 날이 갈수록 심해졌다. 그런 어느 날 전화민원으로 쌓인 스트레스를 호소하며 나에게 도움을 요청했다.

나는 후배가 전화민원을 응대하는 모습을 유심히 살펴보았다. 그 결과 민원인을 가르치려고 하는 고압적인 자세를 발견했다. 자신의 업무 지식을 잘못 사용하고 있었던 것이다. 민원인은 원하는 결과를 신속하게 얻기 위해 전화를 한다. 가르침이나 깨달음을 얻기 위함이 아니다. 민원인을 가르치려는 자세는 민원인과 설전으로 이어지기 쉽다. 아무리 선의라 할지라도 민원인 입장에서 필요한 정보 외에는 쓸모없는 잔소리다. 말이 꼬리에 꼬리를 물어 논쟁으로 번지게 될 가능성이 크다. 나는 그에게 '원하는 지식만 전달하기'라는 해결책을 제시하고 3분 모래시계를 선물했다. 전화민원 응대 데드라인을 설정한 것이다.

모래시계의 효과는 바로 나타났다. 그는 전화민원이 오면 모래시계를 보며 3분 안에 끝내야 하는 게임을 즐기듯 편안하게 민원인과 통화하기 시작했다. 지식, 공감, 청렴, 원칙, 진심이라는 방법을 자유자재로 적재적소에 사용하며 해결 빈도를 점차 높여나갔다. 마음의 부담을 덜어낸 그에게서 전보다 훨씬 여유로운 미소를 볼 수 있었다. 이후 다른 부서에서 5년을 근무하고 다시 같은 부서에서 만났을 때, 그의 책상에는 여전히 3분 모래시계가 놓여 있었다.

내가 후배에게 선물한 건 모래시계가 아니라 '시간' 그리고 '감정노동 최소화'이다. 전화민원에 어려움을 겪는 동료들이여, 3분 안에 완료하라. 중요한 건 전화민원을 3분 안에 해결하려는 마음가짐이다. 그 마음가짐이 민원 극복의 길로 안내한다.

## 두 번째, 첫 15초가 중요하다

전화응대를 할 때 첫 15초가 가장 중요하다. '진실의 순간 MOT, Moment f Truth'이기 때문이다. 이 말은 경제학자 리처드 노먼 Richard Norman이 가장 먼저 사용했고, 얀 칼슨Jan Carlzon 스칸디나비아 항공 사장을 통해 대중에게 알려졌다. 그는 "기업과 고객이 만나는 15초 동안이 고객을 평생 단골로 만들 수 있는가를 결정하는 '진실의 순간'이다."라고 말했다. 진실의 순간은 참으로 짧다. 하지만 그 중요성을 알고 있는 사람은 그 시간에 해결의 실마리를 찾는다.

우리는 진실의 순간을 이용해야 한다. 그렇다면 15초는 과연 언제인가? 전화민원에 임하는 우리에게 진실의 순간은 명확하다. 전화를 받고 자신의 소속과 이름을 밝히는 바로 그 순간이다. 마치 생명과 같은 15초인 셈이다. 우리는 15초 안에 모든 것을 담아내야 한다.

"네, 감사합니다. 도로관리과 한상필입니다."

최대한 천천히 정확한 발음과 따뜻한 말투로 민원인을 대한다. 이 15초는 전화민원의 시작이자 끝이다.

예를 들어 생각해보자. 어떤 사람이 도로주행 중 포트홀(도로가 파손되어 냄비처럼 생긴 구멍)을 미처 확인하지 못해 타이어가 펑크나는 상황에 처했다. 이때 그는 두 가지를 생각한다. 도로 관리를 제대로 하지 않은 지방자치단체의 잘못이라는 생각과 전방 주시를 소홀히 한 자기도 책임이 있다는 생각 말이다. 그렇지만 자신의 과실을 덮으려는 마음이 앞선다. 이런 상태에서 전화민원을 제기했을 때 담당자가 정확하고 따뜻한 말투로 소속을 밝히며 응대하면 그는 자신의 문제를 해결해줄 사람에게 연결됐다는 심리적 안정을 갖는다. 또한 공감의 말투와 목소리는 그의 이야기를 들을 준비가 된 담당자의 상태를 전달한다. 이제 그는 방어해야 한다는 경직된 마음을 풀고 사고 경위와 차 상태를 먼저 이야기한다. 감정 소모와 시간 지체 없이 본론으로 들어간다. 단 15초 만에 일어나는 일이다. 이후 담당자가 보상 방법을 안내하고 그 금액은 운전자 과실 비율에 따라 달라질 수 있다고 하면 그는 큰 거부감 없이 받아들일 것이다.

반대로 담당자가 부서와 이름을 퉁명스럽고 불분명하게 말한다면 그는 자신의 과실을 덮으려는 의지를 강하게 표출한다. 이때는 사고 경위와 차의 상태 전달보다 불만 사항을 먼저 분출한다.

"도로 관리를 어떻게 하고 있는 겁니까?"
"담당자가 도로 상태를 알고 있긴 한 거예요?"

이렇게 시작되면 최소 20분이다. 잘못된 민원 응대로 진실의 순간 15초를 날려버린 탓에 사고 예방을 위해 24시간 운영되는 도로 관리 시스템은 무용지물이 되고, 담당자는 현장 관리에 무책임한 직무 유기자로 매도된다. 담당자를 불신하는 마음은 철저한 자기 방어로 귀결된다. 정작 담당자는 민원인이 왜 이런 반응인지 이유를 알지 못해 스트레스가 쌓이고 감정마저 피폐해진다.

완고한 상태의 민원인을 응대할 것인지 아니면 부드러운 상태의 민원인을 응대할 것인지가 우리에게 주어진 15초에 따라 결정된다. 처음 15초 동안 우리가 가지고 있는 모든 것을 담아 민원인에게 전달하자. 그 마음이 전달되면 민원인 역시 흥분한 기분을 가라앉히고 마음을 열어줄 것이다.

### 세 번째, 말의 온도를 높여라

'말도 아름다운 꽃처럼 그 색깔을 지니고 있다.'라는 말이 있다. 말도 정성스럽게 가꿔야 한다는 뜻이다. 그래야 말이 빛나고, 향기를 흩날리며 사람의 마음을 움직일 수 있다. 마음에서 정성스럽게 가꿔내는 배려의 말은 온기가 있다. 따뜻한 말은 민원인이 원하지 않은 결과라도 거부감 없이 받아들일 수 있게 해준다. 민원인과 언쟁이 잦고, 감정노동에 시달리고 있다면 지금 마음의 온도계로 언어의 온도를 측정해보자. 혹시 너무 차갑지 않은가? 따뜻한 말은 민원인과 우리의 거리를 가깝게 한다.

다음에 제시하는 〈전화 응대 시 언어의 온도를 올리는 표현〉은 공식처럼 억지로 외우라고 만든 것이 아니다. 무심코 차가운 표현을 사용하지 않았는지, 그로 인해 응대 시간이 길어지지 않았는지 되짚어보는 의미다. 사실 차가운 표현을 따뜻한 표현으로 바꾸기는 어렵지 않다.

자신이 민원인 입장에서 듣고 싶은 표현을 하면 된다. 민원인의 말로 이야기하는 것이다.

"뭐가 그렇게 죄송한가요? 길게 이야기하지 않고 용건만 간단히 말하면 오히려 더 빨리 끊더라고요."

강의 중 이렇게 이야기하는 교육생이 있었다. 물론 그런 사례도 많을 것이다. 말의 온도를 높이는 표현을 쓰면 상대적으로 응대 시간이 길어진다고 생각할 수 있다. 하지만 말의 온도

〈전화응대 시 언어의 온도를 올리는 표현〉

| 차가운 표현 | 따뜻한 표현 |
| --- | --- |
| 기다리세요. | 잠시만 기다려주시겠습니까? |
| 모르겠는데요. | 죄송하지만, 잘 모르겠습니다. |
| 없습니다. | 취급을 하지 않습니다. |
| 할 수 없는데요. | 죄송하지만 지금은 도울 수 있는 방법이 없습니다. |
| 자리에 없습니다. | 지금 자리에 안 계십니다. 메모를 남겨드릴까요? |
| 다시 전화주세요. | 죄송합니다만 연락처를 남겨주시면<br>○○분/시간 후에 다시 전화드리겠습니다. |
| 담당자가 아니라서 모르겠는데요. | 죄송합니다만 담당자와 통화하실 수 있도록<br>안내해드리겠습니다. |
| 예? 뭐라고요? | 죄송합니다만 다시 한번 말씀해 주시겠습니까? |
| 아닙니다. | 죄송합니다만 제가 확인한 바로는 그렇습니다.<br>양해를 구합니다. |
| 무슨 일이십니까? | 어떤 내용인지 말씀해주시겠습니까? |
| 잠깐 기다리세요. | 잠시만 기다려주십시오. |
| 잘 알아보고 전화주세요. | 죄송합니다만, 다시 한번 확인해주시겠습니까? |

자료: 《공직자 민원응대 배뉴얼》(행정안전부, 2018)을 참고

가 높을수록 상대방의 마음이 쉽게 열려 민원 응대 시간은 결과적으로 줄어든다. 치열한 민원 현장에서 전화민원을 수만 건 넘게 처리하며 얻은 결론이다.

## 15. 5전략: 대면민원, 5분이면 충분하다

　전화민원보다 한 단계 높은 난도인 대면민원은 5분 이내 종결이 극복 조건이다. 대면민원은 복합적인 문제가 대부분이어서 단시간 내 완벽한 해결이 불가능하다. 다소 미흡하더라도 신속한 종결이 중요하다. 그러므로 소모성 논쟁과 어설픈 완벽주의를 버리고 5분 안에 민원을 마무리하여 시간 사용과 감정 소모를 최소화해야 한다. 대면민원은 전화민원에 비해 상대적으로 난도가 높은 편이지만 철저하게 준비하면 생각보다 쉽게 끝낼 수 있다.

전화민원과 대면민원은 두 가지 차이점이 있다. 하나는 민원인 스스로 '전화민원에 비해 대면민원이 해결하기 쉽지 않다.'고 생각한다는 점이다. 하지만 대면민원중에는 의외로 간단히 해결되는 요구도 많다. 문제는 민원인이 그렇게 생각하지 않는다는 사실이다. 쉽게 해결할 수 있다고 생각했다면 전화민원을 활용하겠지만 그렇지 않기 때문에 민원인이 소중한 시간을 할애하여 직접 담당자를 찾아온 것이다. 이런 특성상 민원인의 준비 또한 철저하다. 아무리 사소한 일이라도 대면민원을 소홀히 할 수 없는 이유다.

또 하나의 차이는 대면민원의 경우 담당자의 표정이 중요하다는 점이다. 전화민원은 적절한 말과 목소리 톤에 신경 쓰면 되지만 대면민원은 시각적인 면이 부각되고 그에 따라 민원인이 실시간으로 반응한다. 캘리포니아대학교 심리학과 교수인 앨버트 메라비언Albert Mehrabian은 자신의 커뮤니케이션 연구에서 음성적인 면과 표정적인 면을 비교했을 때 표정적인 면의 영향이 크다고 주장했다.

인지되는 태도 = 7%(언어) + 38%(음성) + 55%(표정)

그의 주장을 바탕으로 생각한다면 민원인은 전화민원에서 사용하는 언어와 음성적인 면을 합한 값인 45퍼센트보다 55퍼센트를 차지하는 표정적인 면을 더 중요하게 생각하는 셈이다. 이처럼 대면민원은 표정까지 관리해야 하니 훨씬 더 어렵다.

하지만 긍정적으로 생각해보자. 우리에게 민원을 해결하기 위한 표정이라는 방법이 하나 더 생겼다고 말이다. 이제부터라도 민원인과 마주할 때 효과적으로 사용할 표정을 만들기 위해 거울을 보며 연습하자. 대면민원을 처리할 때 55퍼센트의 영향력을 발휘하는 자신만의 장점을 갖추도록.

## 능숙한 질문을 활용하라

대면민원은 언어, 음성 외에도 보이는 것들을 활용할 수 있다. 이런 점이 활용 가능하다면 장점, 그렇지 않다면 단점이 된다. 민원인을 대면 응대할 때 우리의 외적인 것이 노출되지만 반대로 우리 역시 민원인의 반응을 읽을 수 있다. 이를 이용해 민원인의 반응을 살피고 능숙하게 질문하면 의외로 쉽게 해결책을 찾을 수 있다. 이제 능숙하게 질문하는 두 가지 방법을 알아보자.

① 민원인의 불편 사항을 요약해서 되묻는다

대면민원에서 우리에게 주어진 시간은 5분이다. 그냥 지켜보면 그 시간은 민원인 혼자의 것이 된다. 제지하지 않으면 30분을 혼자 이야기하는 민원인도 있다. 상대의 말을 끊는 행위는 예의에 벗어난다고 생각할 수도 있지만 민원인의 의도를 어느 정도 파악했다면 적절한 타이밍에 요점을 되물어보자.

"아~ 네. 선생님, 다친 부분에 대해 국가 배상 신청을 하고 싶다는 말씀이죠?"

"네. 그렇습니다."

이렇게 소통하지 않는다면 용건의 언저리를 맴도는 민원인의 푸념을 얼마나 더 들어야 할지 모른다. 일단 민원인의 긍정적인 대답을 들었다면 그때부터 지금까지 배워온 것을 동원해 민원 해결을 향해 달려가면 된다. 담당자가 요점을 짚어줄 경우 민원인은 말이 끊겼다고 분노하지 않고 담당자가 자신의 말을 집중해서 듣고 정확하게 원하는 것을 파악했다고 이해한다. 이런 식으로 민원인과 우리의 시간을 모두 절약할 수 있다.

② 흥분한 민원인에게 '네'라는 대답을 하도록 질문한다

흥분한 상태에서는 어떤 합리적인 제안도 받아들이기 어렵다. 이때 활용 가능한 수단은 부정할 수 없는 '네'라는 대답을 듣기 위한 질문이다. 민원인 스스로 '네'라는 긍정적인 대답을

3·5·7 전략으로 승부하라

하는 사이 조금씩 흥분이 가라앉는다. 예를 들어 탁상행정에 대한 불만으로 사무실에서 큰 소리를 내는 민원인이 있다면 다음과 같이 질문해보자.

"공무원의 탁상행정 때문에 이렇게 화가 나신 거군요?"
(진지하지 않으면 조롱의 말로 들릴 수 있으니 주의!)
"네."
"교통 편도 좋지 않은데 이렇게 직접 찾아오시게 해서 죄송합니다. 오시는 데 힘드셨죠?"
"네."
"여기 앉으셔서 어떤 점이 불편했는지 저한테 말씀해주시겠습니까?"

흥분한 민원인은 처음부터 '네'라고 말하게 해야 기분이 쉽게 풀린다. 가능하면 '아니요'라는 말을 꺼내지 못하게 하자. '네'라는 긍정의 말은 흥분을 진화하지만 '아니요'라는 부정의 말은 흥분을 촉발한다.

## 노트를 펼쳐라

공무원이라면 누구나 노트를 가지고 있다. 지금 우리 옆에 놓인 지방자치단체 마크가 선명하게 찍힌 노트 말이다. 우리는 이 노트를 어떻게 사용하는가? 대부분 과장 또는 팀장 주재 회의 때 아무 생각 없이 들리는 대로 적는 용도로 사용한다. 지금부터 대면민원 응대 때 사용해 보는 건 어떤가? 탁월한 효과를 발휘할 것이다.

민원인이 다가온다. 경력이 쌓이면 걸어오는 발걸음, 표정만 봐도 민원의 강도를 가늠할 수 있다. 대면민원을 시작할 때는 컴퓨터에서 시선과 손을 떼고 오로지 민원인에게 집중하자. 그리고 노트를 펼치고 그의 모든 말을 적어낼 듯 자세를 취하자. 내가 당신의 말을 정성스럽게 듣고 심지어 기록으로 남겨두려는 의지가 있다는 사실을 보여주는 것이다. 효과가 믿기지 않는가? 해보면 안다. 흥분했던 민원인의 닫힌 마음이 열리고 흥분도 가라앉는다. 고난도 민원이 의외로 쉽게 풀릴 것이다.

## 마법의 말을 사용하자

대면민원에 유용한 마법의 표현이 존재한다. '왜냐하면'과 '잘 아시겠지만'이 대표적이다.

① '왜냐하면'

하버드대학교 심리학과 교수 엘렌 랑거Ellen Langer는 도서관에서 복사기를 이용하기 위해 줄을 서서 기다리는 사람들에게 자신이 먼저 복사하겠다고 끼어드는 상황의 결과를 관찰하는 실험을 했다.

"실례합니다. 한 5장만 복사하면 되는데 제가 먼저 좀 쓰면 안 될까요? **왜냐하면** 제가 좀 급해서요."

이 말을 들은 94퍼센트의 사람이 복사기를 먼저 사용하라고 양보했다. 그러나 마지막 '왜냐하면'을 빼고 부탁했더니 60퍼센트의 사람만 양보했다.

한편 '왜냐하면'을 말하고 그 뒤에 말도 안 되는 이유를 붙여 부탁하는 상황의 결과도 관찰했다.

"실례합니다. 한 5장만 복사하면 되는데 제가 먼저 좀 쓰면 안 될까요? **왜냐하면** 복사를 좀 해야 돼서요."

그러자 놀랍게도 93퍼센트의 사람이 아무 이유 없이 양보했다. '왜냐하면'이란 마법의 단어 때문이다. 우리 의견으로 민원인을 설득하고자 할 때 '왜냐하면'을 함께 사용하면 민원 극복 확률이 급상승할 것이다.

② '잘 아시겠지만'

'잘 아시겠지만'이란 표현은 상대방의 의견을 존중하며, 상대를 그 분야의 전문가로 인정하고, 주장하는 바를 충분히 인지하고 있다는 의미를 전달한다. 그러므로 민원인의 주장을 받아들일 수 없고 짧은 시간 내에 설득하고자 할 때 다음과 같이 이야기해보자.

"선생님께서도 잘 아시겠지만 그 방향으로 진행하기는 힘들 것 같습니다."

또는 "선생님께서 더 잘 아시겠지만"이란 말로 민원 응대를 시작한다면 훨씬 부드러운 분위기로 민원인과 이야기를 이어 갈 수 있다.

3·5·7 전략으로 승부하라

## 명함을 이용하라

우리는 능숙한 질문과 마법의 말을 사용하여 대면민원을 5분 안에 해결했다. 하지만 끝날 때까지 끝난 게 아니다. 민원인 중에는 깔끔하게 처리된 민원에 대한 고마움 혹은 그간 민원이 해결되지 않은 울분 등의 감정 때문에 자신이 살아온 이야기를 풀어내는 어르신들이 있다. 5분 만에 민원을 해결했다고 해도 이후 20분 동안 민원인의 이야기를 늘어놓으며 돌아가지 않는다면 결국 현명한 민원 해결이라 할 수 없다. 그렇다고 민원인을 쉽게 뿌리칠 수도 없다. 이럴 때 사용해야 할 방법이 바로 '명함 건네기'다.

요즘에는 개인 정보 보호를 위해 명함에 핸드폰 번호를 넣지 않는 추세다. 하지만 나는 예전부터 핸드폰 번호가 없는 명함을 사용해왔다. '명함 건네기'에 이용하기 위해서다.

민원 응대 후 민원인이 계속 이야기하려는 이유는 담당자와 심리적 유대감이 형성됐다고 생각하기 때문이다. 이런 상황에서 매몰차게 "민원이 해결되었으니 돌아가세요."라고 말할 수 없다. 이런 경우 다음과 같이 이야기하며 명함에 휴대폰 번호를 적어 건넨다.

"제가 민원인에게 핸드폰 번호를 안 알려드리는데 특별히 어르신께 적어드리겠습니다. 지금은 다른 민원 때문에 어르신 말씀을 오래 들을 수 없지만 전화주시면 상세히 상담해드리겠습니다."

그냥 건네는 것이 아니다. 핸드폰 번호를 적은 명함을 두 손으로 정중하게 건넨다. 대부분 흡족해한다. 명함에 적힌 핸드폰 번호가 심리적 유대감을 공고히 해주었다고 생각하기 때문이다. 이런 방법에 대해 질문하는 후배도 있다.

"그러다 민원인이 진짜 전화하면 어떡하죠?"

걱정은 접어둬도 된다. 10명 중 1명이 전화해도 정말 특이한 경우다. 설사 전화가 온다 해도 뭐가 그리 대수인가? 평소처럼 따뜻하게 응대하면 되지 않을까? 사무실에서 20분간 민원인의 인생 이야기를 듣는 것보다 훨씬 나을 테니 말이다.

# 16. 7전략: 서면민원, 처리 기한 70퍼센트 안에 완료하라

서면(국민신문고 포함)으로 접수되는 민원을 유기민원이라 한다. 법적 처리 기한이 규정된 민원이라는 뜻이다. 민원의 종류에 따라 다르긴 하나 일단 접수되면 처리 기한이 명시되어

그날부터 카운트다운에 들어간다.

서면민원 처리는 신속할수록 좋다. 어떤 허가 사항에 대한 민원 처리 기한이 10일이라면 최소 7일, 처리 기한 70퍼센트 안에 처리해야 한다. 같은 답변(특히 결과가 부정적일 때는 더욱 더)을 한다 하더라도 답변을 듣는 시점에 따라 민원인의 저항 강도가 달라지기 때문이다. 다시 말해 '불허가' 처분을 처리 기한 3일 차에 통보한 것과 7일 차, 10일 차 혹은 기한을 넘겨 통보한 것에 대한 민원인의 저항은 점차 강해진다는 뜻이다. 불허가 통보에 대한 당연한 반발이라고 가볍게 넘겨서는 안 된다. 법적 검토로 '불허가' 통보를 해야 할 상황이라면 우리가 의도한 바는 아니지만 민원인에게 심각한 타격을 줄 수 있다.

민원인을 대할 때는 예의가 중요하다. 부정적 결과가 나온 상황일수록 최대한 신속히 민원인에게 알려 다른 선택을 할 수 있도록 시간을 줘야 한다. 그래야 분노의 화살이 우리에게 향하지 않는다.

## 분노는 저항을 부른다

민원인 A는 개발행위 허가신청서를 제출하며 급한 마음에 담당자에게 다음과 같이 말했다.

"빠른 처리 좀 부탁드리겠습니다."

담당자인 이 주무관은 무덤덤한 표정으로 다음과 같이 말했다.

"이미 접수된 건을 순서대로 처리하고 있습니다. 기한 내 처리해드리겠습니다."

이 주무관의 말에 잘못된 부분은 없다. 법정 처리 기한이 15일이니 말이다. 자신의 민원만 빠르게 처리해달라고 압박하는건 이치에 맞지 않는다고 생각한 A는 그대로 발길을 돌렸다.

다음 상황은 누구나 짐작할 수 있다. 처리 기한에 상응하는 시간 동안 이 주무관은 A에게 시달릴 것이다. 특히 A와 같은 민원인은 원하는 결과를 얻지 못했을 때 분노할 확률이 높다. 처리 기한을 앞당겨 최대 70퍼센트 안에 완료해야 부정적 결과에 대한 분노를 조금이라도 잠재울 수 있다.

## 서면민원의 명明과 암暗

서면민원에는 빛과 그림자가 존재한다. 빛은 직접 민원인을 상대하지 않아도 된다는 장점이다. 시시각각 변하는 민원인의 동태를 살필 필요도 없고 감정에 휘둘리지 않아도 된다. 우리 앞에 펼쳐진 인터넷 민원(국민신문고), 자필, 인쇄 민원서를 읽고 그에 대응하면 된다. 민원 응대를 위한 즉각적인 감정 소모도 없다.

반면 그림자는 민원인의 상황을 살필 수 없고 감정을 파악할 수 없다는 단점이다. 빛이 있으니 그림자가 생기는 셈이다. 아이러니하지만 가장 쉽고도 어려운 것이 서면민원 응대다. 전화민원과 대면민원은 그나마 민원인의 호흡을 느끼며 공감하여 그들의 마음을 부드러운 방향으로 유도하고 민원 의도를 파악할 수 있다. 그러나 서면민원은 감정 교류가 없다. 서면민원의 글은 온갖 방어 태세를 갖춘 수동적인 말들의 나열이어서 이해하기 힘들 때도 많다.

## 민원의 핵심을 파악하라

급박한 상황이다. 지체할 여유가 없다. 서면민원은 얼마나 빨리 민원인의 의도를 파악하느냐가 관건이다. 다양한 방법을 활용하여 암호와도 같은 민원인의 의도를 해독해야 한다. 자칫 우리의 시간과 에너지를 의미 없는 곳에 사용하는 것은 물론 핵심을 파악하지 못한 우리를 향해 재차 민원의 파도가 덮쳐올 것이다.

'얼마 전 도로변에 설치한 울타리 펜스는 교통사고 우려로 인해 철거되어야 한다.'

국유지 관리를 위해 도로변 울타리 펜스를 설치하고 얼마 되지 않아 제기된 서면민원이다. 교통사고가 발생할 위험까지는 생각하지 못했기 때문에 바로 민원인과 연락하여 민원 접수 다음 날 현장에서 만났다.

"좌회전 시 시야가 가려져 신호 위반으로 직진하는 차량과 충돌할 가능성이 있습니다. 사고가 자주 일어나는 곳이기도 하구요."

이해할 수 없었다. 울타리 펜스 때문에 시야가 일부 가려지기는 하지만 그 영향은 경미했다. 더군다나 신호 위반 차량까지 대비해야 한다는 주장 또한 이치에 맞지 않았다. 다른 의도가 있다는 생각이 들었다. 그가 말하는 핵심을 파악하기 위해 대화를 이어갔다. 결국, 민원인이 새로 설치된 울타리 펜스 뒤쪽 토지 소유자라는 사실을 알 수 있었다. 울타리 펜스가 토지를 가로막아 지가 하락을 우려하여 전혀 상관없는 울타리 펜스 철거 민원을 제기한 것이다.

만약 민원인과 연락하지 않고 민원이 제기된 내용대로 움직였다면 어땠을까? 경찰서에 협조를 구해 최근 인근 지역 교통사고 발생 현황을 파악하고 현장 조사를 거쳐 울타리 펜스 설치가 교통사고를 유발할 가능성을 판단해야 한다. 필요하다면 교통 전문가 자문도 진행해야 한다. 이렇게 각종 자료를 종합하여 '펜스를 철거하라는 민원은 부당한 요구이며, 교통사고에 미치는 영향은 없다.'라는 결론을 얻었다고 하자. 객관적 자료를 첨부하여 민원인에게 결과를 통보한다면 그가 '아! 교통사고 위험은 없구나.'라고 생각하여 깔끔하게 물러서겠는가? 민원을 제기한 의도의 핵심을 벗어났기 때문에 재차 민원을 제기할 것이 분명하다.

민원의 핵심을 파악하지 못한 결과는 처참하다. 적잖은 시간과 에너지를 들여 객관적 근거를 만들어 통보하지만, 같은 민원이 반복된다. 다행인 점은 모든 서면민원의 표현이 암호 수준은 아니라는 것이다. 그래도 민원 내용을 다섯 번 정독해서 의미를 파악하기 힘들면 지체 없이 수화기를 들어야 한다. 그러고는 우리가 가지고 있는 다섯 가지 방법(지식, 공감, 원칙, 청렴, 진심)을 이용해 민원의 핵심을 파악해야 한다. 이것이 바로 서면민원을 현명하게 처리하는 첫걸음이다.

## 정확한 언어로 전달하라

핵심을 이야기하자

① 상황 1

점심 식사를 마치고 사무실에 들어왔다. 신규자인 허 주무관이 책상에 엎드려 자고 있었다. 점심 시간은 개인의 자유 시간이며 누구도 간섭해서는 안 된다. 나 역시 간섭하고 싶은 마음은 없었다. 하지만 허 주무관 자리는 사무실 출입구 바로 앞이었다. 점심 시간에 찾아오는 민원인이 안 좋게 볼 수 있다는 우려 때문에 직원 휴게실을 안내하려는 생각으로 그를 깨우며 말했다.

"허 주무관, 나랑 밖에서 커피 한잔 할까?"

(밖에 나가서 이야기 좀 할까?)

"저 커피는 안 마시는데요"

"……"

그는 다시 책상에 파묻혀 잠을 청한다.

② 상황 2

가족 여행을 가는 길이다. 삼남매 중 막내딸(6세)이 유독 차를 오래 타는 걸 싫어해 이런 질문을 많이 한다.

"거의 다 왔어?", "이제 다 온 거야?" 등등.

오늘은 2시간이 넘는 장거리 일정이다. 막내딸은 출발한 지 얼마 되지 않아 이렇게 질문한다.

"아빠, 이제 10분 정도 남았어?"

"에이, 10분이 뭐야?"

(아직 두 시간도 더 가야해.)

그러자 막내딸은 옆에 있던 엄마에게 귓속말로 이야기한다.

"엄마, 아빠는 10분이 뭔지도 모르나 봐."

허 주무관에게 단도직입적으로 "밖에 나가서 이야기 좀 할까?"라고 이야기했다면 그렇게 허무하게 퇴짜 맞지는 않았을 것이다. 또한 막내딸에게 "아직 두 시간도 더 가야해."라고 이야기 했다면 10분도 모르는 바보 취급은 안 당했을 것이다.

　서면민원은 공문으로 답변한다. 정확한 문장으로 표현한 문서로 전달하지 않으면 의사소통의 실패로 재차 민원에 휘말릴 가능성이 크다. 일례로 법적인 사항이나 기타 사유로 인해 제기된 민원에 대해 '검토 불가'라고 답변해야 할 것을 당장의 반발을 우려해 '중장기적으로 검토해보겠습니다.'라고 답변하는 경우가 있다. 그 답변에 대해 우리는 '검토하지 않겠다는 뜻'이라고 이해한다. 하지만 민원인은 다르다. '중장기적', '검토해보겠다'는 애매한 말들 때문에 지속적으로 민원을 제기한다. '중장기적'이란 말이 부메랑이 되어 처리한 민원이 다시 돌아오는 셈이다.

　공문은 사라지지 않고 영원히 남는다. 애매한 말은 입장에 따라 해석이 달라질 수 있으므로 문제의 불씨를 남겨서는 안 된다. 자칫 후임자 혹은 더 나아가 우리 조직 전체가 민원의 쓰나미에 휩쓸릴 수도 있다.

## 전략의 깊이를 더하라

서면민원에 대한 답변은 공문으로 완료되어 전자 문서로 남는다. 선배들의 주옥같은 답변을 별다른 노력 없이 흡수하여 활용할 수 있는 구조다. 반면 전화민원이나 대면민원은 그렇지 않다. 선배들의 노하우를 배우기 위해 얼마나 많은 노력이 필요한가? 대면민원의 경우 선배들의 응대 모습을 집중해서 지켜봐야 겨우 갈피를 잡는다. 그런데 전화민원의 경우 아무리 집중한들 민원인이 말하는 내용을 들을 수조차 없다.

그에 비하면 서면민원은 선배들의 민원 처리 노하우를 배우는 최적화된 조건이다. 검색만으로 제기된 민원과 답변 내용을 일목요연하게 찾아볼 수 있기 때문이다. 하루 10분 투자로 실력을 쌓을 수 있다. 국민신문고 시스템은 담당자 답변에 대한 민원인 만족도까지 확인할 수 있어 활용 범위가 훨씬 넓다.

지금까지 현명한 응대를 통한 민원 극복에 필요한 다섯 가지 방법과 세 가지 전략을 이야기했다. 정확하게 이해하고 응용한다면 민원의 대부분을 차지하는 '일반 민원'을 현명하게 극복할 수 있을 것이다. 일반 민원이라고 한정한 까닭은 특이 민원, 흔히 이야기하는 '진상 민원'의 경우 다섯 가지 방법에 세 가지 전략을 활용한다고 해도 민원 극복 성공률이 현저히 떨어지기 때문이다.

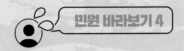
(32년 차, 보건 분야, 최○○ 과장)

## "공무원과 민원인, 우리는 가족이다"

32년의 공직 생활을 거치며 민원에 대해 깊게 생각해본 적이 거의 없다. 코로나 대응으로 인해 업무 압박이 심한 요즘엔 더 그렇다. 민원이 나에게 어떤 의미인지 깊게 생각해보지 않았다는 말은 그간 민원이 나에게 큰 스트레스가 아니었다는 뜻이다.

시간이 흘러 앙금이 가라앉은 물과 같은 평온함은 세월이 주는 여유일까? 젊은 시절에는 법 규정을 넘어 상식적으로 불가능한 요구를 들어주지 않았다는 이유로 직원을 협박하고 고성을 내지르는 민원인에게 강력히 대응하기도 했다. 감사 기관에 의뢰하고 지방자치단체장을 직접 만나겠다는 가시 돋친 말에 해볼 테면 해보라는 식으로 대응하던 때도 있었다. (정정당당하면 두려울 것이 없다.)

하지만 시간은 마음과 말의 날카로움도 무디게 한다. 함께 일하는 직원도 요구 사항을 이야기하는 민원인도 모두 가족처럼 느껴진다. 때때로 생떼를 쓰며 자신의 고집만 내세우는 민원인을 보면 응석을 받아주기 원하는 아기와 같다는 생각까지 한다. 현장에선 민원인의 이야기에 귀 기울이고 관심을 보이는 것만으로 손쉽게 민원을 해결하기도 한다. 모두가 가족이라 생각해서 그런지 직원에게 막말하는 민원인, 민원인에게 감정적으로 대응하는 직원의 관계도 한창 자라는 시기 형제들의 애교 섞인 다툼으로 보이기도 한다.

누구의 편이랄 것도 없다. 이럴 때는 자상한 엄마의 모습으로 달래기도 하고, 저럴 때는 어미 호랑이같이 무섭게 중재하기도 한다. 이와 같은 여유로운 마음이 언제 생겼는지 정확히 기억나지 않는다. 하지만 그때부터 민원인을 두렵거나 귀찮은 존재로 대하지 않은 듯하다. 오늘도 응석꾸러기들을 만난다. '무슨 사연을 안고 왔을까?' 궁금증과 기대의 마음으로 노트를 준비하고 그들과 마주 앉는다.

# PART 5

# 민원의 반격,
## 진상 민원과의
# 대립

민간 분야에서 '블랙 컨슈머'로 불리는 이들이 공공 분야로 활동 범위를 확장했다. 이들이 제기하는 민원은 '특별 민원', '특이 민원', '고질 민원'으로 불린다.

그동안 갈고닦은 방법과 전략을 사용하려 해도 진상 민원 특유의 폭풍을 동반한 거센 파도에 전의를 상실하는 때가 있다. 진상 민원의 잔상은 오래 남아 우리를 힘들게 한다. 그들에게 받은 상처와 민원 극복 방법에 대한 고민으로 사무실과 집의 경계가 허물어지고 밤잠마저 설치게 된다. 온전히 극복할 수 없다면 처참한 절망감이라도 막아야 한다.

진상 민원은 일반 민원과 접근 방식부터 달라야 한다. 최종 목표를 시간 단축으로 설정해서도 안 된다. 일반적 사고로는 이해하기 힘든 더 큰 분노를 유발할 수 있기 때문이다. 그러므로 진상 민원과 일반 민원을 구별하는 변별력을 반드시 갖출 필요가 있다.


## 17. 지울 수 없는 잔상

진상 민원은 한마디로 정의하기가 어렵다. 공공 기관마다 이에 대한 명칭 또한 다르다. 국민권익위원회는 '특별 민원', 행정안전부는 '특이 민원', 법원행정처는 '특이 민원(인)' 등으로 명명하는데, 통상 '고질 민원'이라고 부른다.

다양한 특성에 비해 공공 분야에서 진상 민원이 발생하는 원인은 의외로 단순한 경우가 많다. 민원이 발생한 초기 단계의 응대 소홀이 주요 원인이다. 태생적으로 진상 민원인의 포스를 품어내는 사람은 많지 않다. 진상 민원인은 담당자의 불성실한 답변과 태도, 형식적인 업무 처리 등의 불만을 먹고 자라난 돌연변이라 할 수 있다. 그렇게 만들어진 진상 민원인은 예측할 수 없는 기행을 일삼으며 일반적인 우리의 방법과 전략을 무용지물로 만든다.

민원의 반격, 진상 민원과의 대립

## 진상 민원의 탄생

공설추모공원(봉안당) 건립 업무를 담당하는 부서에 발령받은 지 얼마 되지 않았을 때의 일이다.

"내가 당신들 말을 믿을 거 같아? 내 땅에 발이라도 들여놓는 놈들은 화염방사기로 불태워버릴 테니 알아서들 하라고!"

마을에 공설추모공원을 짓겠다고 하니 분노한 민원인이 사무실에 들어와 내 앞에서 소리치며 한 말이다. 수십 년간 농사를 지어온 땅이 강제 수용될 처지였기에 격분한 민원인의 마음을 모르는 바 아니다. 그렇다고 처음 보는 사람에게 화염방사기로 태워버리겠다는 말을 서슴없이 내뱉다니, 섬뜩했다.

얼마 지나지 않아 그 민원인의 사연을 들을 수 있었다. 전임 담당자가 마을 주민의 반발을 무마하기 위해 수용되는 토지를 시세보다 높은 보상가로 지급하겠다고 약속했다. 실제 감정평가 금액은 약속한 금액의 절반 수준이었으나 역풍이 두려운 나머지 전임 담당자는 민원인에게 일자까지 명시하며 약속한 토지 보상 금액을 지급하겠다고 했다. 민원인은 그 일정에 맞춰 상가 매입을 위한 계약을 진행했는데 보상금이 입금되지 않아 계약 불이행으로 위약금을 물어야 했다. 이런 연유로 그는 진상 민원인이 되었다.

어쩌면 민원인의 입장만 내세워 다소 과장된 면도 있을 것이다. 하지만 민원인의 위약금 일부를 전임 담당자가 사비로 처리한 걸 보면 전체적인 틀에서 틀린 이야기는 아닐 것이다.

선량한 시민에서 진상 민원인으로 변모한 그는 담당자인 나를 넘어 담당 부서 전체의 감정을 단번에 삼켜버렸다. 나는 모든 방법과 다양한 전략을 사용해 토지 협의 매수를 유도하여 어떻게든 강제 수용 절차를 막아보려 했다. 하지만 결과는 실패였다. 당연한 결과지만 그 과정에서 나의 몸과 마음 역시 피폐해졌다.

분노와 불신이 가득한 진상 민원인 앞에서는 어떤 방법과 전략도 소용 없을 때가 많다. 그들은 담당자, 담당 부서, 해당 지방자치단체의 연합 전선을 무너뜨리며 막대한 행정력 손실을 유발한다.

다시 한번 생각해보자. 혹시 자신이나 진상 민원인을 만들고 있는 것은 아닌지 말이다.

민원의 반격, 진상 민원과의 대립

## 진상 민원, 지울 수 없는 잔상을 남긴다

우리는 평화를 원한다. 그래서 민원을 응대할 때 지식, 공감, 원칙, 청렴에 진심을 담아 평화적 메시지를 전달한다. 하지만 진상 민원인은 막무가내로 덤빈다. 초기 민원 응대에 실패하면 '막무가내'는 언제든 다시금 작동한다. 결국 진상 민원인은 담당자에게 깊은 상처를 남긴다.

"이 업무 더는 못할 것 같아요. 잠을 잘 수도 없고 너무 무서워요."

같은 팀에 근무하던 이 주무관이 어렵게 말을 꺼냈다. 그는 불법 단속 업무를 맡고 있었다. 내성적인 성격이라서 이렇게까지 심각하게 문제를 제기한 적이 없었기 때문에 조심스럽게 물었다.

"왜? 무슨 일 있었던 거야?"
"불법 행위자에게 행정 명령 처분을 했는데, 계속된 폭언과 협박에 견딜 수 없어요. 어제는 밤길 조심하라는 얘기까지 들었어요.

퇴근 후에도 그의 말이 머릿속에서 떠나질 않아요."

이 주무관은 해당 업무를 수행할 수 없을 정도로 마음의 상
처를 입었다. 부서 내부 인사를 통해 업무를 조정했지만 그 여
파로 일반 민원을 처리하는 과정에서도 상당한 어려움을 토로
했다. 이처럼 한 명의 진상 민원인은 우리 조직 내부에 엄청난
영향을 미친다.

조직을 흔들고(내부 인사를 통해 계획에 없던 업무 조정을 하게
함) 공권력을 약화시키며(정당한 행정 행위 집행에도 불구하고 폭
언과 협박을 계속함) 담당자에게 큰 상처를 남긴다.

그나마 다행스러운 점은 조직 차원에서 문제를 인지하고 대
응하고 있다는 점이다. 국민권익위원회는 고질 민원 해결에
열정과 전문 지식을 갖춘 직원을 선별하여 '고충민원 특별조
사팀'을 구성했다. 또한 중앙 차원에서 고질 민원 응대 워크숍,
강의, 전화 컨설팅 등을 시행하고 있으며, 각 지방자치단체에
서는 민원 담당자들의 처우 개선, 심리 상담 프로그램 등 다양
한 방법으로 해결책을 모색하고 있다.

# 18. 진상 민원을 파헤치다

진상 민원인이 휩쓸고 간 자리는 조직과 담당자에게 처참한 흔적을 남긴다. 그들의 분노는 전방위적이기 때문에 일반 민원과 달리 아무런 상처 없이 막아내기란 거의 불가능하다. 그러므로 우리는 일반 민원인이 진상 민원인으로 돌변하기 전에 신호를 감지하고 앞서 이야기 한 다섯 가지 방법과 세 가지 전략을 사용해 막아내야 한다.

처음부터 '막무가내'로 덤비는 민원인은 없다. 민원인 역시 피해자가 될 수 있기 때문이다. 우리가 진상 민원인이라 부르는 90퍼센트 이상이 처음엔 일반 민원을 제기했던 평범한 이들이다. 그런데 담당자가 초기 응대를 잘못하면 '너 죽고 나 죽자'식으로 돌변한다. 따지고 보면 문제는 간단하다. 초기 민원 응대가 완벽하다면 진상 민원의 90퍼센트를 막을 수 있다. 하지만 말처럼 쉽지 않다. 발생 원인과 해결책을 알고 있어도 진상 민원인이 끊임없이 발생하는 이유가 있다.

내 경험을 통해 생각해보면 1000명 중 1명은 진상 민원인이 된다. 이는 1000명 중 999명은 민원 초기 응대에 실패(성의 없는 민원 응대, 불쾌한 말투 등)하더라도 특별한 문제를 제기하지 않는다는 의미가 된다. 우리 중 일부는 진상 민원인이 갖춘 파괴력을 알지 못한다. 그래서 1000분의 1로 발생하는 상황에 대비하기 위해 그렇지 않은 999건의 민원을 필요 이상으로 처리하는 건 효율적이지 않다고 생각할 수 있다. 그런 안일한 생각이 결국 우리에게 부메랑이 되어 날아온다. 그렇게 탄생한 진상 민원인은 평온하게 상대한 999명의 민원인보다 더 큰 스트레스로 우리에게 다가온다.

또는 진상 민원인은 민원 처리를 빨리 끝내려고 하는 담당자의 성급함 때문에 생겨난다. 민원 응대의 성공 기준을 시간 단축이라 했기 때문에 혼란스러울 수 있다. 그러나 모든 상황에는 예외가 있다. 잠재적 진상 민원인의 긴 이야기를 들어주며 공감을 표현하는 방법만이 그들의 변신을 막아내는 유일한 해결책이다. 시간에 쫓겨 서둘러 해결하려는 마음이 잠재적 진상 민원인을 실제적 진상 민원인으로 진화시키는 경우가 대다수다. 어렵다. 어떤 기준으로 판단하고 민원 응대를 짧게 또는 길게 전략을 바꿔가며 처리할 수 있단 말인가? 끊임없는 관찰과 관심 외에 특별한 방법이 없다. 결국 어느 한 명의 민원인도 소홀히 대해서는 안 된다는 말이다. 진상 민원인으로의 변신을 막을 골든타임은 존재한다. 그 시점을 감지하여 초기 응대에 성공하는 것만이 진상 민원인으로부터 나와 조직을 보호하는 가장 현명한 방법이다.

## 공공 분야 진상 민원인의 특징

민간 서비스와 공공 서비스가 다르듯 민간 분야 진상과 공공 분야 진상도 특성이 다르다. 민간 분야의 '블랙 컨슈머'는 관심이 돈에 집중돼 있다. 목적이 명확하다. 터무니없는 보상을 요구하는 경우는 논외로 하더라도 블랙 컨슈머가 요구하는 보상 범위가 회사의 대응 범위를 벗어나지 않는다면 큰 문제를 일으키지 않고 봉합할 수 있다. 하지만 공공 분야 진상 민원인은 좀 더 복잡한 양상을 띤다. 그들을 목적에 따라 크게 세 가지로 분류할 수 있다.

### ① 개인 이익 추구형

민간 분야 블랙컨슈머와 유사한 형태다. 목적이 뚜렷하다. 토지 보상, 개인 허가권, 관급 공사에 참여하여 임금을 받지 못한 경우 제기하는 민원이다. 이들은 이익이라는 목적을 달성하기 위해 수단과 방법을 가리지 않는다. 순간적인 힘은 강하지만 지속력은 약하다. 목적이 뚜렷하기 때문에 만족할 만한 성과를 달성하면 대부분 소멸한다.

② 공공 이익 추구형

상당히 까다로운 형태다. 목적이 명확하지 않다. 말 그대로 공익 실현이다. 한 민원인이 어느 지역에 도로 선형의 불합리로 교통사고 우려가 있다는 민원을 제기한다. 하지만 그 민원인은 그 지역에 거주하지 않는다. 그곳의 도로 선형이 개선되

민원의 반격, 진상 민원과의 대립

더라도 직접적으로 얻는 이익이 없다. 개인 이익 유무에 따라 민원의 신빙성을 판단하는 건 이치에 맞지 않다. 이 민원이 까다로운 이유는 민원의 신빙성이 아니라 지속성 때문이다. 민원인은 공익 실현을 목적으로 관내 전역을 살피며 유사 민원을 끝없이 제기하여 숱한 담당자를 압박한다. 이런 유형의 민원인은 민원 제기 횟수를 훈장으로 생각하기도 한다. 담당자 입장에서는 끝이 보이지 않는 터널을 지나는 기분이 든다.

③ 분노 표출형

분노 표출형 민원인의 민원은 분노에서 시작된다. 분노의 종류는 다양하나 목적은 담당자의 징계 혹은 괴롭힘이다. 가장 뼈아픈 민원인 셈이다. 분노 대상이 담당자에서 조직으로 옮겨지는 상황도 자주 발생한다.

행정 기관의 편파 및 소극 대응에 분노를 억누르지 못하고 분노 표출형 진상 민원인으로 탄생했다. 그는 복수의 칼을 갈며 담당자의 업무상 과실이나 실수 등을 이유로 감사와 징계를 요청한다. 그의 목적은 이미 민원 해결이 아니다. 담당자의 징계를 끊임없이 요청할 뿐이다. 분노에 휩싸인 그들의 주장

민원의 반격, 진상 민원과의 대립

은 대부분 설득력이 없다. 그래서 감사 부서는 담당자의 잘못이 없다는 사실을 민원인에게 통보한다. 하지만 문제는 여기서 끝나지 않는다. 이런 유형의 민원인은 목적 달성을 위해 담당자의 다른 과실이나 실수를 찾아 나선다. 동시에 담당자의 소속 부서와 감사 부서로 분노의 대상을 확대하기도 한다.

이렇듯 진상 민원의 발생 이유는 단순하지만 일단 진상 민원인으로 변모하면 그 특성이 다양해진다. 이 때문에 단일한 대응 방안을 마련하기가 쉽지 않다.

수많은 민원 현장에서 고군분투하며 민원을 슬기롭게 처리하고 버텨왔지만, 진상 민원 한 번에 무너져 절망하는 동료를 볼 때마다 안타깝다. 남의 이야기가 아니다. 인사 발령으로 언제든 내가 모두가 인정하는 진상 민원인의 담당자가 될 수 있다. 어렵지만 이런 상황을 극복하기 위해 여유를 가지고 장기전을 대비해야 한다. 진상 민원은 해결해야 한다는 부담감보다 전방위적 확산을 막겠다는 생각과 여유로운 태도로 임해야 한다.

# 19. 진상 민원인 판별법 세 가지

적막이 가득한 사무실, 누군가 격하게 문을 열더니 소리를 지른다.

"담당자 누구야? 나랑 방금 통화한 놈 누구냐고!"

우리 중 대부분은 이렇게 생각할 것이다. '진상 납셨군. 담당자가 누군지 모르겠지만 쉽지 않겠는 걸.' 있는 힘껏 문을 열고, 고성을 지른 탓에 진상으로 낙인찍힌 민원인. 하지만 그는 우리가 생각하는 진상이 아닐 가능성이 크다.

어떤 용액이 산성인지 알칼리성인지 식별이 불가능하지만 리트머스 시험지를 가져다 대면 적색과 청색으로 변하며 결과를 알려준다. 우리에게도 '진상 민원인'인지 혹은 '진상인 것처럼 보이는 일반 민원인'인지 구분해주는 리트머스 시험지가 필요하다. '진상 민원인인지 아닌지'에 대한 판별은 중요하다. 응대 방식이 전혀 다르기 때문이다. 또한 진상이 아닌 민원인을 진상처럼 응대했을 때 엄청난 파괴력을 지닌 진상 민원인이 탄생할 가능성이 크므로 유의해야 한다.

지금부터 리트머스 시험지 역할을 하는 진상 민원인 판별법 세 가지를 소개하겠다. 이 방법으로 민원인을 응대했을 때 분노 강도가 약해지지 않거나 아무런 반응이 없다면 모두가 인정하는 진상일 확률이 높다. 반대로 흥분이 가라앉았거나 어느 정도 반응을 보이면 대부분 일반 민원인이다.

### 첫 번째, 순응성 법칙을 활용하라

미국의 심리학자이자 유명한 대중 연설가인 케빈 호건Kevin Hogan은 자신의 책《통쾌한 설득 심리학》에서 순응성의 법칙에 대해 다음과 같이 정의했다.

"대부분의 사람은 자신 이외의 다수의 사람이나 자신이 속한 조직의 대다수 동료가 받아들일 수 있을 만한 제안, 상품 또는 서비스를 받아들이는 경향이 있다."

그는 이 법칙에 의해 사람의 특성을 다음과 같이 세 가지로 분류할 수 있다고 말한다.

① 순응적인 사람

② 순응에 반대하는 사람

③ 순응적이지 않은 사람

우리는 순응적인 사람이 85퍼센트 이상이라는 점에 주목해야 한다. 우리에게 거세게 민원을 제기하는 사람이 85퍼센트 범위 안에 들어오는 순응적인 사람이며 충분히 응대가 가능하다는 뜻이기 때문이다.

"내 땅을 마을 길로 사용하고 있는 게 말이 되냐고? 내 허락도 없이 말야!"

한 민원인이 뭔가 큰일이라도 난 듯 사무실 문을 열고 들어오며 외쳤다. 과격한 말투와 행동에서 조급함이 느껴졌지만 나는 민원인의 흥분을 가라앉히고 자리로 안내했다. 민원인에게 간단히 이야기를 듣고 토지 전산 정보를 조회했다. 그 결과 민원인의 토지가 40여 년 전부터 마을안길로 사용되고 있었다는 사실을 알 수 있었다. 하지만 민원인은 불과 몇 개월 전에 해당 토지를 매수한 상태였다.

민원인은 이대로 물러날 수 없다며 소송도 불사하겠다며 엄포를 놓는다. 중요한 순간이다. 부정적인 말이나 비난의 말은 이 상황을 비극으로 치닫게 한다. 이때는 공감하는 말투로 명확하면서도 조심스럽게 이야기해야 한다.

"네. 알겠습니다. 선생님께서 소송까지 진행하겠다고 하시면 제가 막을 수는 없습니다. 하지만 제가 선생님이라면 그렇게 하지는 않을 것입니다."

민원인에게 유사한 건으로 소송을 제기했던 자료를 근거로 패소할 가능성이 크다는 사실을 알려주고, 소송 비용 역시 민원인이 부담해야 한다는 점을 설명하며 이렇게 이야기했다.

"선생님과 같은 사례는 소송보다는 마을안길 정비 사업 요청으로 해결하는 경우가 대부분입니다."

민원인은 한풀 꺾인 목소리로 이야기한다.

"그……그래요? 마을안길 정비 사업이 뭔데요?"

태도가 달라진 민원인에게 비슷한 처지의 민원인 대부분이 선택한 방법을 제시하자 결국 받아들였다. 하마터면 그는 진상 민원인이 될 뻔했다. 이 민원인의 사례는 순응성의 법칙에서 말하는 순응적인 사람 85퍼센트에 포함되는 경우다. 만약 이 민원인이 반대의 15퍼센트에 해당한다면 마을안길 정비 사업 여부와 상관없이 고성을 동반한 엄포를 계속했을 것이다.

순응성의 법칙을 적용하여 진상 민원인을 판단하려면 먼저 민원인과 비슷한 민원을 제기한 사람들이 선택한 방법에 대한 자료를 잘 준비해야 한다. 그리고 민원인의 입장에 공감하는 마음으로 진심을 담아 자료를 설명하거나 전달해야 한다.

### 두 번째, 민원인과 생각의 간격을 좁혀라

민원인을 판별하기 위해 대화를 통해 우리가 할 수 있는 최대 업무 범위와 민원인이 원하는 최소 만족 범위를 좁히는 과정이 필요하다. 우리가 할 수 있는 업무 범위가 민원인의 만족 범위를 수용할 수 있도록 기술적인 협상을 시도해야 한다.

민원의 반격, 진상 민원과의 대립

홍분한 민원인 5명이 사무실에 들어왔다. 30여 개의 공장주를 대표해서 찾아왔다면서 그중 한 민원인이 홍분을 억누르며 이렇게 말했다.

"지금 어떤 놈들이 공장으로 통하는 유일한 길을 막고 포크레인으로 도로를 파헤치고 있다고요!"

다른 민원인은 오늘이 납품 기한인데 차가 오도가도 못하는 처지라 하루 1억 원의 손해를 입는다고 소리쳤다. 안타까운 상황이다. 치밀한 일처리를 보면 길을 막고 있는 주체가 기업형 조직일 가능성이 컸다. 이럴 경우 해결하기가 쉽지 않다. 그들은 공장 진입로의 지분을 경매를 통해 싼 가격에 매입한 뒤 길을 막아 공장 소유주들에게 비싸게 되파는 방법을 구사한다.

즉시 현장으로 갔다. 경찰까지 출동했지만 깔끔한 정장 차림을 한 사람들이 토지 소유자라는 사실을 증명하는 등기부등본을 흔들며 태연하게 말했다.

"내 땅을 내가 막고 파겠다는데, 누가 막을 권리가 있다는 겁니까? 우리에게 죄가 있다면 당장 입건하세요!"

방법이 없다. 그들 소유의 토지가 맞다. 다만 '개인 소유 토
지라 할지라도 길을 막고 파헤치는 행위가 정당한가?'와 '공장
납품 지연에 따른 손해 발생에 대한 보상 책임은 누구에게 있
는가?'의 문제는 소송을 통해 가려야 할 부분이다. 하지만 하
루 억대의 손해를 보는 상황에서 6개월 이상 진행되는 재판을
한다는 건 현실적으로 불가능했다.

공장 소유주들의 답답한 마음이 분노로 변한다. 그 방향 또
한 악의적으로 공장 진입로를 막고 있는 조직이 아닌 공무원
인 우리에게 향한다. 그들은 시장 면담까지 요구하며 과격한
말과 행동을 서슴없이 한다.

어떻게든 해결을 원하는 공장 소유주들의 마음을 충분히 이
해하지만 방법이 없다. 하지만 미온적으로 대처한다면 그들
은 진상 민원 집단으로 돌변할 것이다. 이때 담당자는 업무 범
위와 민원인이 만족하는 범위를 좁히기 위해 기술적인 협상을
시도해야 한다.

공장 소유주들은 당장이라도 도로 파손을 멈추고 원래대로

통행할 수 있기를 간절히 원한다. 그 열망이 큰 만큼 행정 기관을 거세게 압박하는 것이다. 그들은 우리가 도로 파손 행위자를 구속 수감시키고, 긴급 예산을 투입하여 즉시 도로를 원상복구하기를 원할지도 모른다. 하지만 그건 우리가 할 수 있는 업무 범위가 아니다. 가능한 행정 업무 범위 내에서 단계적으로 접근해야 한다.

1단계, 소송 수행 과정을 안내한다. 그들의 답답한 마음에 공감하며 행정 기관에서도 적극 협조할 것을 다짐한다. 하지만 그들의 만족 범위에 들지 못했기 때문에 제안을 거절한다.

2단계, 소송 수행 시 공장 소유자들이 승소할 수 있도록 지

〈단계별 생각 좁히기 과정〉

| 담당자의 업무 범위 | 민원인 만족 범위 |
|---|---|
| 공장 소유주에게 소송 수행 과정을 안내한다. | "제안 거절"<br>(소송 수행 시 막대한 손실) |
| 소송 수행 시 공장 소유주가 승소할 수 있도록 지원한다. | "제안 거절"<br>(소송 수행 고려하지 않음) |
| 도로 파손 행위자에게 불법 행위임을 인지시키는 공문을 발송한다. | "제안 받아들임"<br>(신속한 공문 발송 요청) |
| 공장 소유자와 도로 파손 행위자의 협상 자리를 마련하고 회의에 참석한다. | − |

원한다. 소송 수행 과정 안내를 넘어 행정 기관이 공장 소유주들과 함께 원고로 참여하여 승소할 수 있도록 적극 지원할 것을 약속한다. 그러나 그들은 이 제안 역시 거절한다. 소송 진행 안내 또는 소송 지원 안내로는 공장 소유주들을 설득할 수 없다.

3단계, 도로 파손 행위자들에게 불법 행위임을 인지시키는 공문을 발송한다. 공장 소유주들의 마음이 움직인다. 소송을 하면 재판을 거쳐 판결까지 오랜 시간이 소요되는 반면 공문 발송은 신속하게 처리한다면 다음 날 도로 파손 조직에게 전달할 수 있다. 이런 이유로 공장 소유주들은 신속한 공문 발송 요청과 함께 제안을 받아들인다.

3단계 제안을 받아들이지 않았을 경우 4단계, 공장 소유자들과 도로 파손 조직의 협상 자리를 마련하고 회의에 참석하는 자리를 만드는 조건을 제안하려 했다. 하지만 우리의 업무 범위와 그들의 만족 범위가 3단계에서 좁혀져 4단계까지 가지 않았다.

그런데 안타까운 일이지만 이 사태의 결말은 정해져 있다. 공장 소유주들은 도로 파손 행위자의 압박을 이기지 못하고 비싼 가격으로 토지를 매입하게 될 것이다. 실제 상황 역시 그렇게 종료됐다. 악의적 전문가에게 된통 걸린 셈이다. 악덕 조직에게 압박 공문을 보내거나 협상하는 자리를 주선한다고 한들 공장 소유주들이 원하는 방향대로 흘러가지 않을 것이다.

그럼에도 불구하고 다양한 방안을 제시해야 하는 이유는 간단하다. 나와 공장 소유주들의 생각을 맞춰나감으로써 우리가 같은 편이라는 사실을 확인시키고 더 이상 문제 해결과 상관없는 민원이 확산되지 않도록 막을 수 있기 때문이다. 우리가 할 수 있는 최대치의 범위를 제안했지만 설득하지 못했다면 그들은 이미 진상 민원인인 셈이다. 이때는 진상 판별법이 아니라 대응법으로 상대해야 한다.

## 세 번째, 논쟁의 승리보다 갈등 해결에 주목하라

신규 공무원의 넘치는 에너지와 진상 임계점을 넘기 전 민원인의 에너지 수준은 우열을 가리기 어렵다. 종종 두 에너지가 만나 폭발하기도 한다. 폭발 원인은 담당자가 갈등에 주목하지 않고 눈앞에 보이는 논쟁에서 승리를 탐했기 때문이다.

**"불법 광고물 신고하러 왔습니다."**

얼마 전 불법 광고물을 설치하여 행정 처분을 받은 민원인이다. 그는 자기만 당하기 억울하다며 주변 불법 광고물 전부를 신고하겠다고 으름장을 놓고 갔다. 관련 사진만 수십 장 첨부한 걸 보니 단단히 마음 먹은 듯하다. 담당자는 신규자인 이 주무관인데, 당연히 기분이 좋을 리 없다. 뭔가 터질 듯한 분위기다.

결국 민원인과 이 주무관 사이에 논쟁이 이어진다. 기나긴 논쟁 끝에 이 주무관이 신고된 광고물이 불법 광고물이 아닌 결정적 증거를 제시한다. 빛바랜 오래 전 허가 서류를 찾아낸 것이다. 민원인은 다음을 기약하며 씩씩거리며 돌아간다.

이후에 어떤 일이 벌어졌을까? 민원인은 불법 광고물 관련 민원을 지속적으로 제기했다. 더 이상 그는 일반 민원인이 아닌 진상 민원인이다. 이 사례는 민원과의 갈등에 주목하기보다 논쟁의 승리를 탐한 좋지 않은 결과를 보여준다. 이런 상황에서 논쟁의 승리는 아무 의미도 없다. 오히려 독이다. 민원인의 분노만 더 유발할 뿐이니까. 세상은 넓고 민원 거리는 많다. 이 건이 안 된다면 저 건을 문제 삼으면 그만이다.

그러므로 민원인과 대립할 열정이 있다면 갈등 해결을 위해 사용하는 것이 바람직하다. 다음과 같은 순서로 말이다.

① 민원인에게 행정 처분을 할 수밖에 없었던 이유를 설명한다.
② 민원인 입장에서 억울한 점이 무엇인지 살펴본다.
③ 민원인의 마음에서 일어나는 분노에 공감한다.
④ 설득이 안 된다면 담당 부서 주관으로 인근 불법 광고물 전수 조사 실시를 제안한다.

민원인은 자신이 제기한 민원(불법 광고물)이 합법인지 불법인지가 중요하지 않다. 민원 제기는 분노를 표출하는 과정일 뿐이다. 담당자인 이 주무관은 ①에서 ④까지의 방법을 실행하는 동안 의외로 분노가 사그라드는 민원인을 경험할 수도 있다.

결국 우리는 논쟁의 승리보다 갈등 해결에 주목해야 한다. 이 말을 가슴에 새기며 실행한다면 민원 처리 과정에서 만나는 숱한 진상 민원인을 막아낼 수 있다.

# 20. 진상 민원인을 응대하는 세 가지 방법

진상 민원인을 응대하기에 앞서 심호흡을 하고 몸과 마음에 힘을 빼야 한다. 어려운 상황일수록 자신의 업무에 더 집중할 필요가 있다. 그동안 갈고닦은 민원 응대 방법과 전략을 담담하게 풀어내는 것이 관건이다. 일반 민원인과 진상 민원인에게 같은 방법과 전략을 사용하지만 단 하나의 차이점이 있다. 그건 바로 '시간'이다. 진상 민원인을 응대할 때 시간을 단축한다는 개념으로 접근하면 그 이상의 시간과 감정을 소모한다. 일반 민원인을 응대할 때는 시간 단축이 목표지만 진상 민원인을 응대할 때는 멀리 내다보고 마음의 여유를 가져야 한다.

## 첫 번째, 기본에 충실하라

진상 민원인을 응대할 때는 대화 시점을 맞추려는 노력이 필요하다. 그들은 반복적으로 민원을 제기하고 상상할 수 없는 폭언과 고압적인 자세로 우리를 괴롭힌다. 그들은 자신의 분노가 시작된 과거 시점에서 얘기할 뿐만 아니라 일어나지 않은 일마저 걱정한다. 그러나 우리는 현재 시점에서 말한다. 이 때

민원의 반격, 진상 민원과의 대립

문에 진상 민원인과 우리의 이야기가 계속 겉도는 것이다. 이런 상황에서는 지금까지 쌓은 경험을 토대로 모든 역량을 동원하여 진상 민원인과 대화 시점을 맞춰야 한다. 진상 민원인을 포용하는 극한 공감력을 동원해 우리가 민원인의 시점에 맞출 수도 있으며, 진심을 다한 표현으로 그들을 우리 시점으로 초대할 수도 있다. 이것이 꽉 막혀 있는 대화의 실타래를 푸는 첫 번째 열쇠다.

**진상 민원인 기본 응대법**

- 그들이 쓰는 말을 구사하라
- 모든 감각을 동원해 들어라
- 최선을 다해 진심을 전달하라
- 말의 온도를 높여라
- 능숙한 질문을 활용하라
- 마법의 언어를 사용하라
- 민원의 핵심을 파악하라
- 전략의 깊이를 더하라

기본을 지키며 최선을 다하더라도 진상 민원인의 압박이 점점 심해질 수 있다. 이럴 땐 조직을 보호해야 한다는 거창한 목적이 아니더라도 우리의 육체적, 정신적 방전을 막기 위해 한 걸음 그들에게 다가가 보자. 현 상황을 타개하길 원한다면 '사과'와 '감사'의 마음을 곁들여보자. 물론 쉽지 않다. 죽자고 덤벼드는 이들에게 '사과'와 '감사'의 마음을 표현한다는 건 거의 불가능한 일처럼 보일지도 모른다. 하지만 남들도 다하는 응대 방식으로는 갈등을 극복할 수 없다. 이미 모두가 진상 민원인으로 인정하고 있지 않은가. 지방자치단체, 담당 부서, 어떤 담당자도 진심 어린 마음에서 우러나는 사과와 감사를 받은 적 없는 그들이다. 때로는 독특한 응대 방법과 진심을 담은 마음이 계기가 되어 그들의 마음을 움직일 수 있다. 나는 민원 현장에서 진상 민원인의 기세가 사과와 감사라는 진정제를 통해 상당히 부드러워지는 경험을 자주 했다.

① 사과의 마음

진상 민원인의 분노와 집착은 우리의 잘못에서 기인하는 경우가 많다. 우리의 잘못이 아니더라도 그들의 인식 속에서 우리는 행정 행위를 잘못한 공무원일 뿐이다. 그러니 우리의 실수가 명백하다면 쏟아지는 그들의 폭언에 진심을 담아 사과의 말을 전하는 것이 상책이다. 설사 우리의 잘못이 아니라할지라도 우리의 행정 행위가 잘못됐다고 느끼게 한 부분에 대해 사과의 말을 전하면 된다.

② 감사의 마음

도대체 뭘 감사해야 할까? 《공공부문 특별(악성, 고질)민원 대응매뉴얼》(국민권익위원회, 2019)은 고질 민원의 순기능에 대해 다음과 같이 이야기한다.

가. 고질민원은 공공부문의 불합리한 제도를 개선하는 계기를 제공한다.

나. 고질민원은 고질민원 업무담당자의 민원처리 역량제고 등에 기여한다.

다. 고질민원은 고질민원 업무담당자의 자기 성찰의 기회를 제공한다.

라. 고질민원은 공공부문의 비공식적인 감시통제 기능을 수행한다.

이처럼 우리가 진상 민원인에게 감사하는 마음을 가져야 할 이유가 많다. 감사의 말을 전달하자. 감사의 말은 어떤 비용도 들지 않지만 그 효과는 상당하다. 우리 앞에 흥분한 진상 민원인에게 이렇게 이야기 해보는 건 어떤가? 반응 시간의 차이는 있겠지만 분명 나아질 것이다.

"오래도록 이 부서에 근무했지만 선생님께서 말씀하신 부분까지 생각하지 못했습니다. 업무 시야 범위를 넓혀주셔서 감사합니다."

## 두 번째, 진상 민원인의 공간으로 들어가라

자칫 위험한 이야기처럼 보일 수도 있다. 진상 민원인에게 폭언은 물론 신체 가해 위협을 받는 경우도 있다. 그런데 그들의 공간으로 들어가라니? 물론 이런 시도는 안정성이 보장되고(2인 이상 팀을 구성해도 좋다), 담당자 자신이 하고자 하는 의지가 있을 때라야 가능하다.

나는 문제가 발생했을 때 비록 진상 민원인이라 할지라도 그들의 공간을 찾아가 해결의 실마리를 찾는다. 그 공간이 집이든 사무실이든 공사 현장이든 상관하지 않는다. 그들이 편하게 느끼는 곳이면 어디든 찾아간다.

진상 민원인의 경우 상대방 공간이라고 생각하는 곳(구청, 시청 등 공무 집행과 관련된 장소)에서는 난폭해지고, 자기 공간이라고 생각하는 곳에서는 부드러워지는 특성이 있다. 부드러워진다는 것은 날선 표현이나 거친 행동을 하지 않는다는 뜻이다. 우리가 가진 여러 방법과 전략을 마음껏 사용할 수 있으니 진상 민원을 해결할 확률이 높아진다.

이런 이유 때문에 나는 어려운 민원이든 진상 민원이든 민원인의 공간에 들어가기를 좋아한다. 불가능하다고 생각했던 궁평항 〈노점 문화 먹거리 단지〉 사업 사례도 위기 상황에서 어민 단체 대표의 집을 방문해 실마리를 찾은 경우다. 공설추모공원을 반대하며 화염방사기로 모두 불태워버리겠다던 마을 대표 어르신 경우 역시 집으로 찾아간 덕에 마음의 문을 열 수 있었다. 그 밖에 노점 문제 해결을 위해 노점 단체 사무실을 방문하기도 했으며, 노점 단체 회원 50명이 넘게 모여 있는 장소를 찾아가 홀로 이야기한 적도 있다. 3기 신도시 조성 업무를 추진할 당시에는 원주민으로 구성된 주민대책위원회와

회의 장소를 도청이나 시청이 아닌 그들의 사무실로 정하기도 했다. 이와 같이 어려운 상황일수록 상대방 장소로 찾아가는 용기가 필요하다. 그 용기가 진상 민원인의 언 마음을 녹이고 행동의 변화를 끌어낸다.

내가 인사 발령을 받았을 때 위로의 말을 심심치 않게 들은 적이 있다. 모두가 상대하길 꺼리는 진상 민원인 대응 업무를 맡았기 때문이다. "한 주무관이라면 잘할 수 있을 거야."라는 응원 아닌 응원을 받기도 했다. 그 진상 민원인은 예상대로(?) 나를 반갑게 맞아주었다.

"내가 지금까지 민원을 제기한 내용이 열두 가지인데 해결은 안 되고 담당자만 계속 바뀌니 내가 열이 받겠어요? 안 받겠어요?"

"제가 내용을 잘 몰라서 죄송합니다. 그 열두 가지 민원, 다시 말씀해주시면 처음부터 다시 검토해보겠습니다."

그는 "내가 왜 입 아프게 그걸 또 이야기하냐?"는 말을 시작으로 질타했다. 정신이 혼미했다. 끝이 없을 것 같던 이야기도

앞으로 지켜보겠다는 말과 더불어 다음을 기약한다며 마무리
되었다. 나는 전임자에게 가서 그간 그가 제기한 민원이 무엇
인지 물어봤다. 대답은 "잘 모른다."였다. 이해할 수 있다. 민
원인이 끝없이 야단치듯 쏟아내는 민원은 내용을 파악하기가
무리일 수 있기 때문이다.

이제 방법은 그를 찾아가 직접 만나는 일뿐이다. "왜 찾아오
느냐?"는 퉁명스러운 전화 말투와 달리 그의 태도는 훨씬 부드
러웠다. 그의 공간에서 나는 열두 가지 민원을 받아적었다. 다
음 날 건별 구술민원으로 전산 접수 후 답변 사항을 작성했다.
'가능한 것', '불가한 것', '검토해야 하는 것' 등 세 유형으로 나
누어 우편으로 발송했다. 그러자 그는 전화로 이렇게 이야기
했다.


"만족할 수는 없지만 그간 담당자와는 뭔가 다른 느낌이군
요……."


민원 해결 후 그와 나는 나름의 방식으로 신뢰를 쌓아갔다.
한쪽은 불만을 토로해야 하고 다른 한쪽은 들어야만 하는 일

방적인 관계에서 벗어나 꼭 필요한 순간 민원 상담을 요청하는 협력 관계로 발전했다. 이 모든 일이 민원인의 공간에 들어가는 것부터 시작되었다.

### 세 번째, 조직으로 응대하라

어떤 민원인도 가질 수 없는 우리만의 특화된 배경이 있다. 바로 조직이다. 물론 그들도 다수가 결합하여 조직화된 민원을 제기하는 특성을 보일 때도 있지만 체계화된 우리 조직에 비할 바는 아니다. 담당자를 넘어 조직까지 영향을 미치며 심각한 행정력 낭비를 초래하는 진상 민원인을 상대해야 하는 우리는 이미 한 팀이다. 그렇지만 진상 민원을 처리할 때는 좀 더 정교한 팀플레이를 해야 한다.

민원인이 들어온다. 모두가 진상 민원인이라 부르는 바로 그 사람이다. 사무실에 들어서는 표정만 봐도 금방이라도 일이 생길 것 같은 분위기다. 직원들 사이에 긴장감이 감돌지만 담당자인 이 주무관은 의외로 담담하다. 담당자에게 다가가 진상 민원인이 격한 말을 쏟아내기 시작하자 이 주무관은 일어나 직원들에게 양해를 구한다.

"여러분, 업무 처리 중에 사무실에서 큰 소리 나게 해서 죄송합니다. 신속히 마무리하겠습니다."

민원인은 담당자의 당당한 말투에 눌려 움찔한다. 이 주무관은 자기만의 방식으로 팀플레이가 시작됐음을 알렸다. 직원들은 모두 그에게 주목하며 조용히 자신의 역할을 찾는다. 조직이라는 배경으로 자신감 있는 모습을 보이는 이 주무관, 기세등등한 진상 민원인에게 밀리는 기색이 없다. 그렇다고 예의를 갖추지 않은 것도 아니다. 한동안 소강상태였던 상황이 갑자기 험악해진다. 민원인이 갑자기 흥분하며 고성을 지르고 물리적 행동의 조짐을 보이는 것이다. 그때 최 팀장이 바통을 이어받으며 다음과 같이 이야기한다.

"선생님, 제가 담당 팀장입니다. 차 한잔 하시면서 이쪽에서 말씀하시죠."

민원인에게 차를 대접하거나 장소를 옮겨 이야기하도록 하는 방법은 흥분을 가라앉히는 효과가 있다. 거기에 팀플레이까지 가미되면 효과는 상상 이상이다. 동료가 심한 폭언이나 물리적 상해를 당할 우려가 있을 때 재빠르게 움직여 음성 녹음, 사진 및 동영상 촬영을 한다. 최근 조직의 예산 지원으로 민원이 많은 부서에는 CCTV가 설치되어 있기도 하다.

민원인에게 이런 모습을 보여주는 건 동료를 엄호하기 위해서다. 특별할 것 없는 행동이지만 진상 민원인이 거친 행동을 보이지 못하게 하는 효과를 발휘한다. 팀플레이를 경험한 담당자는 다른 담당자가 곤경에 처했을 때 자신의 역할을 빠르게 찾아가며 행동한다. 이런 조직은 진상 민원이 빈틈을 뚫고 들어올 수 없을 정도로 결속력이 강하다.

(22년 차, 사회복지 분야, 이○○ 팀장)

## "갑을 관계 청산이 먼저다"

국민신문고 사이트에 '소극행정 신고센터'가 있다. '공무원 때문에 복장 터질 땐, 여기다 신고하세요.'라는 홍보 카피로 호평을 받았다. 그렇다면 공무원이 민원인 때문에 속이 뒤집어지면 어디에 신고하면 될까? 대부분의 공무원은 국가와 국민을 바라보며 성실하게 직무를 수행한다. 하지만 "철밥통", "국민머슴", "세금만 축내는 벌레"라는 비하 발언을 들어보지 않은 공무원은 거의 없을 것이다.

나와 같이 사회적 약자를 대상으로 복지 정책을 추진하는 업무는 민원이 특히 거세다. 법적 근거와 원칙이 있어도 "처리가 왜 이리 늦냐?", "팀장(과장) 나오라고 해!", "내가 낸 세금으로 월급 받는 주제에 열받게 하지 말고 그냥 처리해라!", "정부에서 지원 안 해주면 죽어버리겠다." 등 일일이 입에 담기조차 버겁다.

맛집에서 번호표를 받고 기다리거나 쇼핑몰 앞에서 신상품을 먼저 사려고 밤새워 기다리는 시간은 아깝지 않지만, 민원 처리를 위해서는 단 1분도 기다리지 않고 처리 지연에 불만을 제기하는 그들이다. 그러나 우리는 어떤 불만도 제기하기 어려운 분위기다. 갑과 을의 차이가 확연하다. 소극 행정 감사, 기관 친절도 평가 등으로 그 격차는 더욱 벌어진다. 더 늦기 전에 바로잡아야 한다. 공무원과 민원인이, 주종主從이나, 상하上下를 대변하는 '갑을 관계'가 아니라 대한민국 국민으로 서로를 존중하는 성숙한 민원 의식이 자리 잡기를 진심으로 희망한다.

민원의 반격, 진상 민원과의 대립

# PART 6

함께
　　　극복하는
'민원'

지금까지 현명한 민원 극복을 위해 갖춰야 할 여러 방법을 익혔다. 응대 지수를 한껏 높인 슬기로운 민원 극복은 우리와 민원인에게 시간 절약, 감정 소모 최소화(감정노동 탈출)라는 선물을 안겨준다. 반대로 대응 지수를 높인 비효율적 민원 대응은 민원인이나 민원을 처리하는 담당자 및 기관 모두를 시간 낭비, 감정 소모(감정노동)의 길로 이끈다. 민원 응대 현장은 우리의 노력에 따라 모두가 행복한 공간으로 바뀔 수 있다.

민원인을 만나고 문제를 풀어가는 현장은 피로 얼룩지고 살벌한 기운이 감도는 전장이 아니다. 서로를 존중하고, 배려와 양보가 필요한 공간이며 모두가 행복한 결과를 얻을 수 있도록 돕는 공간이다. 앞에서 민원을 극복하기 위한 방법에 집중했다면 지금부터는 민원 응대의 최고 단계인 민원인과 대립하지 않고 해결하는 법을 찾아보겠다.

## 21. 모두가 행복한 민원 극복

다툼이나 대립은 상대적이어서 대부분 결과에 의해 승자와 패자가 갈린다. 그러나 민원 현장은 다르다. 민원을 해결하는 과정에서 승자만 있을 수도 있고 패자만 있을 수도 있다. 하지만 조금만 생각을 달리 하면 민원 해결 과정에서 민원인이나 담당 공무원 모두 승자가 될 수 있다.

**승자만이 존재한다**

**① 민원인 A 씨**

월요일 아침부터 왜 이런지 모르겠다. 출근길 도로 포트홀을 지나다 타이어에 펑크가 났다. 담당 부서가 도로 관리를 제대로 했다면 이런 사고는 일어나지 않았을 것이다. 하지만 사고 당시 통화하느라 전방 주시를 제대로 못한 내 잘못도 있다. 혼란스럽다. 이 사실을 공무원이 알면 불리할 게 뻔하다. 그들은 자신들의 도로 관리 의무는 뒤로하

함께 극복하는 '민원'

고 나의 전방 주시 소홀로 밀어붙여 상황을 종료하려 할 것이다. 지방 출장 때문에 오래 끌 시간도 없다. 빨리 마무리하고 싶지만 상황에 따라 오랜 시간 해결되지 않을 수도 있다. 심호흡을 하고 담당자에게 전화를 건다.

"네, 감사합니다. 도로관리과 한 주무관입니다."

그리 빠르지 않은 또박또박한 말투, 따뜻한 응대다. 맘이 놓인다. 현재 상황을 간략하게 이야기하자 담당자는 신속한 도로 보수를 약속하고 보상 절차에 대해서도 안내한다. 2분도 걸리지 않았다. 생각보다 일찍 끝났다. 사고 때문에 기분이 상했지만 펑크 수리만 하면 지방 출장 계획도 차질 없이 진행할 수 있다.

### ② 담당자 한 주무관

월요일 이른 시간부터 전화가 온다. 이 시간에 제기되는 민원은 대부분 좋지 않은 상황이다. 자칫 길어질 수도 있다. 공감의 마음과 따뜻함을 담아 전화 응대를 시작한다.

"네, 감사합니다. 도로관리과 한 주무관입니다."

월요일 아침 짜증이 날 수 있는 상황인데 민원인은 침착하게 상황을 설명했다. 신속한 도로 보수와 재발 방지를 약속하고 국가 배상 신청 절차에 대해 안내했다. 민원인은 만족한 듯 전화를 끊었다. 전화민원을 2분 안에 해결했다.

전화민원 극복 기준은 3분 이내 종결이다. 한 주무관은 전화민원을 빠르게 극복했다. 자칫 월요일 아침부터 마음이 상한 민원인에게 시간과 감정을 소모할지도 모를 상황이었다. 하지만 그는 전화민원을 응대할 때 첫 15초의 중요성을 알고 있었다. 침착하고 현명하게 처신한 덕분에 시간을 절약하고 감정 소모도 최소화했다.

그렇다면 민원인 A 씨는 어떤가? 사고를 처리해야 하는 불편함이 있지만 바쁜 월요일 아침 시간을 우려했던 것보다 낭비하지 않았다. 또 출장 계획도 무리 없이 진행할 수 있었다. 담당자와 통화할 때 원하는 방향으로 흘러가지 않았다면 시청에 직접 찾아가 민원을 제기하려 했으나 다행히 '시간'도 절약하고 '감정'도 상하지 않은 상태로 문제를 해결할 수 있었다.

민원을 현명하게 해결하면 이처럼 민원인과 담당자 모두가 행복해진다. 한 주무관의 '소중한 시간'은 민원인 A 씨의 '소중한 시간'이다. 한 주무관의 '감정노동'은 민원인 A 씨의 '감정 소모'이기도 하다. 민원은 민원인과 담당 공무원이 마주보며 대립하는 것처럼 보인다. 하지만 누군가 행복하면 그 반대편의 누군가는 불행한 제로섬게임이 아니다. 현명한 민원 응대

함께 극복하는 '민원'

는 모두를 행복하게 만들 수 있고, 불편한 민원 대응은 모두를 불행하게 만들 수 있다.

## 실패의 늪을 경계하라

민원 해결 과정에서 민원인이나 담당 공무원이 행복한 결말을 맞이할 수 있지만, 그 반대의 경우도 있다. 민원 응대 상황에서 담당 공무원의 실패는 민원인의 실패이기도 하다. 잘못 응대한 민원은 부정의 연쇄 작용을 일으킨다. 그 결과 헤어날 수 없는 실패의 늪으로 담당 공무원과 민원인이 함께 빨려 들어간다.

**실패만이 존재한다**

**① 민원인 B 씨**

도로 점용료 체납 고지서를 받아 월요일부터 기분이 좋지 않다. 정기 고지서를 받은 적이 없는데 체납 고지서라니 이해할 수 없다. 지금까지 세금 납부를 미룬 적이 없다. 뭔가 죄인 취급을 당하는 것 같아 화가 치밀어오른다. 흥분을 가라앉히기 위해 심호흡을 하고 담당자에게 전화를 건다.

"네. 도로과 윤 주무관입니다."

힘이 없는 말투에 빠르기까지 해서 소속과 담당자 이름을 정확히 듣지 못했다. '욱' 하는 감정이 다시 치밀어오른다.

"공무원들이 자리에 앉아서 하는 일이 뭡니까?"

"네?"

"확인도 안 하고 체납 고지서 보내는 게 당신들 일이냐고!"

담당자도 물러설 기색이 없다. 사과 한마디 없이 정기 고지서 우편 발송 사실을 앞세워 나를 몰아붙인다. 내 이야기가 끝나지 않았는데도 그는 화장실을 가야 한다며 전화를 끊었다. 인내의 한계를 넘어섰다. 즉시 감사 부서에 전화해 담당 직원의 행태에 대해 이야기하고 감사를 의뢰한다. 그래도 화가 풀리지 않는다. 인터넷 민원으로 담당 부서장에게 정식 사과를 요구한다.

② **담당자 윤 주무관**

월요일 이른 시간부터 전화벨이 울린다. 급하게 받았지만 아침이라 목소리가 잘 나오지 않는다.

"네. 도로과 윤 주무관입니다."

"공무원들이 자리에 앉아서 하는 일이 뭡니까?"

황당하다. 다짜고짜 무슨 말인가? 내용을 들어보니 정기 고지서를 받지 못하고 체납 통보를 받은 것에 대한 불만이다. 하지만 전산에는 두 번이나 송부한 것으로 나와 있고 그에 대해 설명했지만 민원인은 더 흥분한다. 순간 자괴감마저 든다. 내가 월요일 아침부터 잘못도 없는 일로 욕을 먹기 위해 어렵게 공무원이 됐는지 말이다. 다람쥐 쳇바퀴 돌듯 대화가 돌고 돈다. 더 이상의 통화는 아무 의미 없을 듯하다.

"죄송합니다. 화장실이 급해서 먼저 전화를 끊겠습니다."

윤 주무관은 민원 극복에 실패했다. 민원인과 길고 긴 통화를 하며 시간과 감정을 소진했었다. 그 뿐만이 아니다. 감사 부서의 호출로 당시 상황에 대해 조사를 받았으며 경위서도 작성해야 한다. 마음을 추스르고 자리에 앉아 컴퓨터를 보니 인터넷으로 민원이 제기된 상태다. 담당 부서장의 사과를 원한다는 내용이다. 여기까지 왔으면 담당자의 단독 처리는 불가능하다. 팀장에게 설명하고 도움을 요청해야 한다. 좋은 소리는 듣지 못할 것이다. 월요일부터 단단히 꼬인 느낌이다.

민원인 B 씨 역시 상황이 좋지 않다. 민원에 대한 정확한 응대를 받지도 못했으며, 체납분을 감면받은 것도 아니다. 담당자와 긴 시간 이야기하고도 소득 없는 다툼으로 감정만 소진했다. 감사 부서에 전화하고, 인터넷으로 민원을 제출했지만 그 또한 하지 않아도 되는 에너지와 시간 낭비다.

두 가지 사례를 살폈는데 어떤 길로 가야 할지 고민할 필요가 없다. 우리와 민원인 모두 좋게 해결할 수 있는 길을 택해야 한다. 현명하게 민원인을 응대하여 민원을 극복하는 일은 담당 공무원의 행복만을 위한 것이 아니다. 민원인 또한 포용하기 위함이다. 민원 극복은 민원인과 우리가 함께 지향해야 할 목표점이다.

## 22. 감정노동의 종말을 선언하자

하루하루 눈앞에 놓인 민원 극복만을 생각하다 보면 그 목표에 사로잡혀 민원을 극복하려는 이유, 즉 본질을 놓칠 수 있다. 민원 극복이 수단이자 목적이 되는 것이다. 이는 안전을 담보하지 못하는 휴전 상태라 할 수 있다. 이제 민원 극복이라는 감정노동의 종말을 선언하자. 충분히 도전해볼 가치가 있다. 감정노동을 끝내기 위해 우리에게는 세 가지 조건이 필요하다.

### 하나, 민원 극복의 방법과 전략을 가다듬어야 한다
앞서 민원 극복을 위한 다섯 가지 방법과 세 가지 전략을 제시했다. 하지만 모든 민원이 예상 범위 내에서 이뤄지지는 않는다. 훈련과 경험으로 익숙해지지 않는다면 응용 상황에서 쉽게 무너진다. 그러므로 어떤 상황이 벌어지더라도 흐름을 놓쳐서는 안 된다. 유연한 대처 또한 필수다. 감정노동의 종말을 위해서 방법과 전략을 완벽하게 가다듬어야 하는 이유다. 민원 응대 현장에서 기본이 되는 다섯 가지 방법과 세 가지 전략을 다시 한번 짚어보자.

① 민원 극복을 위한 다섯 가지 방법
- 지식知識: 민원 응대 과정에서 주도권을 쥘 수 있다.
- 공감共感: 흥분한 민원인의 마음을 부드럽게 한다.
- 청렴淸廉: 공무원의 운명을 지키는 방패다.
- 원칙原則: 잠재되어 있는 민원을 억제한다.
- 진심眞心: 민원 극복을 위한 마지막 카드다.

② 민원 극복을 위한 세 가지(3·5·7) 전략
- 전화민원은 3분 안에 끝내라.
- 대면민원은 5분이면 충분하다.

– 서면민원 처리 기한 70퍼센트 안에 완료하라.

## 둘, 긍정의 생각으로 민원을 극복해야 한다

20세기 신비의 작가로 불리는 제임스 앨런James Allen은《위대한 생각의 힘》에서 "우리는 오늘 우리의 생각이 데려다 놓은 자리에 존재한다. 우리는 내일 우리의 생각이 데려다 놓을 자리에 존재할 것이다."라고 말한다.

생각의 힘은 대단하다. 성공적인 현재의 모습은 그렇게 될 것이라는 과거 의식의 발현이라고 해도 과언이 아니다. 민원인과의 갈등에서도 마찬가지다. 긍정적인 생각은 민원인을 응대할 때 고정 관념을 깨고 민원을 해결하는 방법의 범위를 넓히는 역할을 한다. 담당자의 적극적인 태도는 문제 해결 여부를 떠나 민원인의 분노 표출을 예방하는 효과가 있다. 또한 다양한 방안 제시는 민원인의 마음을 움직여 모두가 기분 좋은 최선의 길로 안내한다.

처음 면사무소에 발령받고 익숙하지 않은 업무 때문에 힘든 시절이 있었다. 그중에서 가장 힘든 일이 민원 응대였다. 민원은 공무원의 숙명이다. 제기되는 횟수도 감당할 수 없는 수준

함께 극복하는 '민원'

이었지만 더 큰 문제는 그것이 아니었다. 한 가구가 살고 있는 산속 외진 곳까지 마을안길 포장을 요청하는 민원부터 옆집 개가 짖어 잠을 못 잔다는 민원까지 도통 해결하기 난감한 문제들이었다. 하루 처리하는 10건의 민원 중 해결 가능한 3건을 제외하고 7건에 대해 민원인에게 욕먹는 상황이 거듭되자 몸과 마음이 점점 지쳐갔다.

그때 떠올린 것이 바로 '긍정의 생각'이다. 어느 누구보다 긍정적인 생각으로 무장한 내가 아니었던가. 마음을 굳게 다잡았다. 생각을 바꾸니 행동도 달라졌다. 민원을 해결 가능, 불가능으로 섣부르게 구분하는 습관부터 버렸다. 모든 민원은 해결 가능하다는 긍정적인 생각으로 시작했다. 산속 외진 곳까지 마을안길을 포장할 방법을 찾으려고 했으며, 옆집 개 때문에 잠을 못 잔다는 민원인의 마음을 이해하고 해결 방법을 함께 고민했다. 그렇다고 해서 그들이 원하는 방향으로 해결할 수는 없었다. 하지만 확실한 건 그 이후 적절한 해결 방안을 제시하지 못한 하루 7명의 민원인에게 질타를 받지 않았다는 사실이다. 심지어 명확한 답을 제시하지 못했는데도 민원인에게 '고맙다'는 말을 심심치 않게 들었다.

1년 6개월간의 면사무소 생활, 그때가 감정노동의 끝을 선언한 순간이었다. 그 중심에는 '긍정의 생각'이 있었다.

## 셋, 분노는 금물이다

민원과 관련하여 담당 공무원과 민원인이 가장 많이 주고받는 감정은 분노다. 민원인의 이기적인 모습에 공무원은 화가 나고, 공무원의 복지부동에 민원인 또한 화가 난다. 하지만 화가 나는 것과 화를 내는 것은 다르다. 화가 나는 과정에서 현명한 민원 응대 자세로 민원인이 화내지 않도록 막아야 한다. 분노 표출은 어떤 상황에서도 도움이 되지 않는다. 공무원이든 민원인이든 마찬가지다. 민원인의 분노는 공무원의 분노를 유발하고, 공무원의 분노 표출은 민원인의 분노를 부른다. 결국 양측의 감정 소모가 극에 달한다.

그러므로 민원인이 분노하더라도 흥분이라는 일시적 감정은 흘려보내고, 그가 분노하는 이유에 집중하는 마음가짐이 필요하다. 언뜻 그의 분노가 부당한 대우에 대한 반응으로 보일 수 있지만, 자세히 살피면 불안한 마음을 표출하는 방식으로도 볼 수 있기 때문이다.

예를 들어 단속 때마다 격렬하게 저항하는 노점 단체는 생존권을 뺏길지 모른다는 불안감이 행동으로 표출된 것이다. 또한 불허가 처분을 받은 민원인의 분노에는 자신의 재산을 지킬 수 없을지 모른다는 불안감이 자리 잡고 있다. 이처럼 분노는 불안의 다른 얼굴이다. 따라서 우리는 분노에 가려진 민원인의 불안에 주목해야 한다. 우리가 갈고닦은 민원 응대 방법과 전략으로 그들의 불안을 감싸주고 이해한다면 의외로 쉽게 진화할 수 있는 감정이 분노다.

한편 민원인의 분노 없이 우리 스스로 분노를 키우는 경우도 있다. 산속 외진 곳에 한 가구를 위한 마을안길 포장 요청 민원이 들어왔다. 황당한 경우라고 생각할 수 있다. 그렇다고 민원인에게 분노의 마음을 표출하는 순간, 불필요한 감정 소모가 시작된다. 분노는 민원 해결에 어떤 도움도 되지 않는다. 해결책을 찾으려는 생각의 확산을 차단하여 오히려 소극적으로 대처하게 한다. 소극적 대처는 민원인에게 탁상행정이나 불친절한 공무원의 모습으로 비친다. 이는 또 다른 민원의 불꽃이 되어 우리를 공격한다.

우리 안에 분노의 싹이 자라지 않도록 노력하자. 그리고 민원인의 분노 뒤에 숨겨진 불안에 공감하자.

## 23. 진상 민원인, 이제 그들이 우리 편이다

　민원인과의 갈등을 끝내기 위한 방법과 전략을 가다듬고, 긍정의 생각으로 업무를 시작한다. 감정을 억제하며 민원인을 맞이한다. 진상 민원인이라고 해서 예외일 수 없다. 한때 진상 민원인이었던 이들도 이제는 우리의 입장을 충분히 이해한다. 호전적이었던 그들은 우리를 지지하는 방식 역시 적극적이다.

공설추모공원 건립에 반대하던 마을 대표

　마을 대표 어르신은 30년 넘게 농사를 지으며 생활 터전으로 가꿔온 땅을 공설추모공원(봉안당) 건립을 위해 협의 매수를 진행해야 했다. 같은 땅을 두고 입장의 차이가 분명했다. 이 때문에 '화염방사기'를 언급하며 모두 불태워버리겠다는 과격한 말을 내뱉던 어르신이다.

　쉽지 않았지만 나는 담당자로서 최선을 다했다. 어르신의 분노에 공감하면서 대화할 때 진심을 전하려고 노력했다. 하지만 결론은 이미 정해져 있었다. 국가에서 시행하는 사업이어서 주민 또는 개인의 반대

　　　　　　　　　　　　　　　함께 극복하는 '민원'

만으로 막을 수 없었다. 어르신이 끝까지 반대하여 협의 매수가 안 되면 강제 수용 절차로 소유권 이전 후 공사를 시작하는 방식으로 진행될 터였다. 내가 가진 모든 역량을 발휘했지만 끝내 어르신의 마음을 돌릴 수 없었다. 결국 협의 매수가 결렬되고 강제 수용 절차로 토지소유권을 취득했다. 2007년의 일이다.

이런 일이 있고 어르신을 다시 만난 건 2008년 10월 4일이었다. 날짜까지 정확히 기억하는 이유는 내 결혼식 날이기 때문이다. 어떻게 아셨는지 결혼식에 오신 어르신은 진심으로 결혼을 축하해주셨다.

당시 나는 민원을 해결하지도 마을 대표 어르신이 원하는 방향으로 문제를 풀지도 못했다. 하지만 어르신은 나의 노력과 진심을 받아주셨다. 공설추모공원 건립에 격렬하게 반대하던 어르신을 아는 직원들은 모두 그 이야기를 한동안 화제로 삼았다.

## 첨예하게 대립한 노점상 대표

담당 부서와 지역을 달리하며 노점을 단속하는 업무를 두 번 맡았다. 그때마다 부딪힌 노점상 대표. 지위와 역할로 생긴 선입견 때문인지 첫 인상이 흡사 맹수와 같았다. 행정 대집행 현장에서 만난 그는 투사였다. 마이크 없이도 쩌렁쩌렁하게 울리는 그의 목소리는 노점상인들의 투쟁을 독려했다. 또한 철거를 위해 동원된 지게차에 올라타 온몸으로 저지하는 행동으로 자신의 역할에 충실했다.

그런 사실을 알고 있었기 때문에 궁평항 〈노점문화 먹거리 단지〉 조성을 위해 그를 다시 만났을 때 협상에 대해 크게 기대하지 않았다. 다만 담당자로서 나의 진심을 전달하고자 애썼다. 조직마다 입장이 있고, 서로 양보해야 하는 지점도 있다. 쉽지 않은 선택이었겠지만 결국 내 마음을 받아들여 궁평항 〈노점문화 먹거리 단지〉 조성을 위해 함께 나아가기로 약속했다.

그 일이 있고 나서 시간이 꽤 흘렀다. 궁평항 〈노점문화 먹거리 단지〉를 조성하겠다는 약속을 나는 결국 지키지 못했다. 부서도 옮겼고, 방침 변경 같은 예상치 못한 변화도 있었다. 그렇지만 노점상 대표에게 그런 일들이 그렇게 중요하지 않은 것 같다. 지금까지 그와 나는 별다른 용건이 없어도 안부 전화를 주고받는다. 농담인지 진담인지 모르지만 그는 노점 분야 전문가인 내가 다시 노점 단속 업무를 맡아야 한다고 이야기한다. 두 번이나 맡은 업무를 다시 할 가능성은 없지만 설사 맡는다 해도 민원인을 대하는 방법과 태도가 바뀌지 않는다면 큰 문제

함께 극복하는 '민원'

는 일어나지 않을 것이다.

## 모두가 인정하던 진상 민원인 D 씨, 지금은?

D 씨는 공무원에게 공포의 대상이었다. 한번 물면 절대 놓지 않는 집념과 우리 조직과 대립하며 전문 지식 또한 갖췄다. 제기하는 민원 범위가 방대하며 때론 반박할 수 없을 정도로 정확한 논리를 펼친다. D 씨는 일반 민원뿐 아니라 공무원의 명찰 패용, 점심 시간 준수 등 기본적이지만 소홀히 하기 쉬운 지점까지 노린다. D 씨를 만날 일이 있으면 우리 스스로 명찰 착용 여부와 점심 시간 엄수 등 기본 사항을 확인할 정도다.

그런 D 씨가 제기한 열두 가지 민원을 확인하기 위해 D 씨의 공간을 직접 찾아가 만난 이후 8년 동안 많은 변화가 생겼다. 물고 물리는 가해자와 피해자의 일방적 관계를 넘어 대화가 통하는 협력 관계로 발전한 것이다.

D 씨는 민원을 제기할 때는 여전히 집요하며 호전적이다. 하지만 공무원을 향한 무자비한 공격보다 마음의 소통이 중요하다는 사실을 서서히 알아가고 있다. 그 과정에서 나를 포함한 여러 공무원이 나름대로 역할을 했다고 생각한다. D 씨가 얼마 전까지 우리를 공포로 몰아넣던 민원인이라는 사실이 믿

기지 않을 정도다.

노점상 대표나 D 씨처럼 한때 진상 민원인이라 불리던 사람들이 있다. 그러나 여러 방법과 전략을 넘어 공감과 진심으로 다가간 후에 그들은 달라졌다. 달라진 진상 민원인은 특유의 적극성으로 우리를 힘들게 하면서도 다른 한편으로는 훌륭한 조력자 역할도 한다.


## 24. 민원인을 존중해야 우리도 존중받는다

흔히 부부 관계를 '로또'와 같다고 한다. 아무리 맞추려 해도 맞출 수 없는 관계라는 뜻이 담긴 우스갯소리다. 공무원과 민원인의 관계도 크게 다르지 않다. 여성 공무원에게 폭력을 행사하고 현장에서 태연하게 아이스크림을 먹는 민원인이 있는가 하면 갑자기 문을 차고 들어와 소리를 지르는 민원인도 있다. 일방적으로 공무원이 피해를 보는 상황을 두고서도 대중은 '공무원이 맞을 짓 했을 것이다.'라며 부정적 인식을 거두지 않는다. 앞서 취객이 공무원을 폭행한 기사를 소개했는데, 그

기사에 남겨진 댓글 중 무려 47.6퍼센트가 부정적인 내용이
었다.

"공무원 임금 20퍼센트 깎아 2차 재난지원금 마련하자"

(《YTN》, 2020.08.22.)

최근 이슈가 된 기사다. 기사를 읽으며 스크롤을 내리는 손
가락 끝이 미세하게 떨렸다. 공무원을 향한 대중의 분노가 어
떤 방식으로 표현되고 있는지 궁금했다. 결과는 내 예상을 완
전히 빗나갔다. 댓글 수는 4000개에 가까웠고, 대부분은 어려
운 시기에 함께 고생하는 공무원의 임금을 깎는 건 부당하다
는 내용이었다. 분노의 방향은 오히려 발언 당사자를 향했다.
'찬성이다. 공무원 급여 20퍼센트 삭감하라.'는 의견은 9.8퍼
센트에 불과했다. 인터넷 기사에 달린 댓글이 여론을 오롯이
대변한다고 볼 수는 없지만 흐름은 알 수 있다. 주권자인 국민
은 공무원 급여를 깎아서라도 재난지원금을 받으면 그만이다.
하지만 그들이 우리와 같은 곳을 바라보고 있다. '공무원'과 '민
원인'이 하나가 될 기회가 생겼다. 임금 삭감, 2차 재난지원금

지원 이슈로 결속력을 확인했다. 그러나 여기에 만족하면 안 된다. 공무원을 향한 국민의 반감이 어디서부터 시작되었는지, 어떻게 하면 없앨 수 있는지, 없앨 수 없다면 어떤 방법으로 줄일 수 있는지를 우리는 계속 진지하게 고민해야 한다.

### 우리의 것을 내어준다

경기도청은 소문난 주차 지옥이다. 민원인과 도청에서 만나기로 약속하고 민원인이 제 시간에 도착하지 않는다면 주차할 곳이 마땅치 않기 때문이다. 이중 주차는 기본이며 주차된 차를 피해 주행하기조차 쉽지 않다. 신청사 이전을 앞두고 있지만 그때까지 공무원과 민원인이 함께 고통을 나눠야 한다.

주차 상황이 이처럼 심각하지만 얼마 전 색다른 변화를 발견했다. 일반 주차장 공간을 할애하여 택배 전용 주차장을 만든 것이다. 그때부터 택배 노동자들이 눈에 들어왔다. 민원인도 주차하기 쉽지 않은 상황이었는데 항상 시간에 쫓기는 그들은 택배 트럭을 어떻게 주차했을까? 택배 물량이 넘쳐 택배 기사의 과로사가 문제되는 시점에서 우리 것을 내어주는 작은 배려에 내가 더 감동했다.

우리 역시 민원인을 배려할 때다. 민원 갈등 상황에서 무조건 이겨야 한다는 생각을 버리자. 어떻게 하면 민원인이 만족할 만한 결과를 얻었다고 생각할지에 대해 집중하자. 그것이 민원인을 생각하는 배려의 첫걸음이다. 민원 응대 현장은 사

각의 링이 아니고 민원인과 우리는 글러브를 끼고 싸우는 복
서는 더더욱 아니다. 엇나간 승부욕 혹은 자신의 뜻을 관철해
야 한다는 집착은 공무원이 지켜야 할 더 큰 가치를 훼손한다.

민원인을 대할 때 친절을 담은 양보와 배려의 마음은 행동
으로 이어지고 민원인의 마음을 따뜻하게 한다. 누가 먼저랄
것도 없이 담당자인 우리부터 실천하면 어떨까? 민원인의 성
향에 따라 시간 차이는 있겠지만 우리의 행동에 그들 역시 따
뜻한 말과 행동으로 응답해줄 것이다.

## 민원의 목적이 변한다

민원은 한 방향이다. 민원인으로부터 출발해 공무원으로 향
한다. 목적 또한 자신의 불편 사항을 해결하거나 이익을 지키
는 것이다. 전혀 바뀔 것 같지 않을 방향과 목적이다. 하지만
최근 민원의 목적이 변화하고 있다는 내용을 담은 〈"백화점 주
차요원 90도 인사, 바꿔주세요"...'민원'을 넣었다[남기자의 체
험리즘]〉라는 제목의 기사를 보았다.

"주차안내 요원님들께서 계속해서 90도로 인사하시더라고요.

허리도 아프실 것 같고, 날도 더운데 힘드실 것 같아서요. 손님마다 다르겠지만, 저처럼 그리 인사받지 않아도 괜찮은 사람도 있거든요. 그래서 혹시 개선할 방법을 고민해주실 수 있으실까 해서 전화 드렸습니다." (《머니투데이》, 2021.06.12.)

《머니투데이》 남형도 기자는 '체헐리즘(체험+저널리즘)'으로 유명하다. 독자에게 좋은 기사를 전하고자 다양한 사회 이슈 현장을 체험하며 기사를 썼다. 위 기사의 민원은 남 기자가 백화점 고객센터에 전화로 제기한 민원 내용이다. 민원 특성상 방향은 일방이지만 목적이 다르다. 자신이 아닌 주차안내 요원을 위한 민원이다. 코로나로 인해 병원 입구에서 체온을 확인하는 직원들이 계속 서서 일하는 모습을 보고 안타까운 마음에 병원 홈페이지에 "병원 출입구에서 방역 관리하는 직원분들께 환자와 보호자들이 밀려오지 않을 때 잠시 쉴 수 있도록 의자를 준비해 주시면 어떨까요?"라는 민원을 넣었다는 내용도 있다.

백화점 상담 직원은 기분 좋은 웃음과 함께 민원을 총무부에 전달하겠다고 했고, 병원 상담 직원에게 걱정해주서서 감사하다는 말을 들었다고 한다. 이런 민원이 접수된다 하더라도 백화점 주차 안내 요원이 인사를 생략하거나 병원 직원이 의자에 앉아서 방역 활동을 하지는 않을 것이다. 하지만 주차 안내 요원과 병원 직원이 따뜻한 민원 내용을 듣는다면 인사에 더욱 진심을 담고, 하루 종일 서서 체온을 체크해도 피로감을 덜 느낄 것이다. 그로 인해 서비스 품질이 향상되어 다른 이용자에게 만족감을 선물할 것이다.

일반적인 민원을 다룬 내용은 아니지만, 마음이 따뜻해지는 기사다. 배려와 공감이 가득한 공간, 승자와 패자가 나뉘지 않는 공간, 이런 곳에서 일하는 행복한 우리의 모습을 상상한다.

## 평화로운 민원 해결을 맞이하다

최근 서비스, 인간관계, 심리학 등 다양한 분야의 책을 읽는다. 책을 볼 때마다 서재 한쪽에 읽은 책이 쌓여간다. 마치 나의 지식이 쌓이듯 말이다. 한편 항상 책상 위에 자리한 책이 있다.《손자병법》이다. 2500년 전 병법서지만 오늘날 다양한 인간관계와 관련해 늘 영감을 준다. 전쟁을 부정하거나 반대하지 않고, 있는 그대로 바라보며 철저하게 전쟁을 대비해야 한다는 관점이 내가 민원을 보는 시각과 일치한다.

"'백 번 싸워서 백 번 다 이기는 것이 가장 좋은 방책은 아니다. 싸우지 않고 굴복시키는 것이 가장 좋은 방책이다."

(《손자병법》, 모공謀攻 편)

손무는《손자병법》을 통해 승리를 위한 여러 계책을 제시하지만, 싸우지 않고 이기는 방법이 최우선이라고 말한다. 전적으로 공감한다.

민원 게시판을 보면 민원인이 민원 해결 과정에 대한 불만을 토로하는 내용이 대부분이다. 하지만 민원인 입장에서 원만하게 민원을 해결한 공무원을 칭찬하는 내용도 있다. 분명 그 담당자는 해박한 업무 지식을 습득하고, 청렴을 최우선의 가치로 두며, 철저하게 원칙을 지키면서도 공감을 담아 진심으로 민원인에게 전달했을 것이다. 결과적으로 그는 슬기롭게 민원을 극복했다. 그런데 민원 게시판에 더 주목할 만한 내용이 있다. 민원인이 자신의 소중한 시간을 할애해 담당 공무원을 칭찬하는 내용을 올린 것이다. 민원인의 배려로 담당자의 위상이 조직내에서 높아지는 건 물론 앞으로 더욱 현명하게 민원을 해결할 힘을 얻었다. 이런 선순환의 최대 수혜자는 그 담당자를 만나게 될 민원인이 아닐까?

이처럼 최상의 민원 해결은 '민원인과 대립(갈등)하지 않고 해결하는 것'이다. 아직도 대립이나 갈등 없이 민원을 극복할 수 있다는 이야기가 믿기지 않는가? 끊임없이 이어지는 민원 응대 과정, 공무원과 민원인 모두가 상처받지 않고 해결하는 이상적인 모습을 상상하자. 그런 상상의 씨앗이 우리 마음에 행복의 싹을 틔워 현명한 민원 극복이라는 달콤한 열매를 맺을 것이다.

함께 극복하는 '민원'

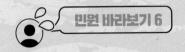

(16년 차, 사회복지 분야, 왕○○ 주무관)

## "민원인, 그들은 곧 우리다"

떡전골로 ○○번지, 거주자 대부분이 사회 소외 계층인 고시원이며 내 업무 관할 지역이기도 하다. 그들의 불편을 살피고 정책적 생계 지원 사업 발굴이 내 업무다. 16년 전 입사해 5년간 사회복지 이론과 현실의 벽을 몸으로 느끼며 민원인에게 많은 상처를 받았다. 이후 그 시간의 두 배에 달하는 10년간의 육아휴직 후 다시 일할 수 있다는 사실만으로도 기쁘고 감사하는 마음을 갖게 됐다. 하지만 그런 마음가짐에도 고시원 방문을 위한 출장은 늘 부담스럽다. 한 층에 50여 개로 나눠진 방들, 몸을 누이면 남는 공간이 없을 정도다. 좁은 공간 속에 담아낼 수 없는 그들의 사연들. 출장을 준비하는 순간부터 표정이 어두워지고 마음도 암울하다. 범죄 영화에서나 볼 법한 음침한 분위기도 영 익숙하지 않다. 자연스럽게 10년 전 내 마음에 쌓았던 벽이 다시 세워지는 느낌이다.

그러던 어느 날, 고시원에 거주하는 할아버지께서 사무실로 찾아오셨다. 어려운 생활 때문에 생계 지원을 신청하기 위해서다. 막노동으로 생계를 이어왔지만 코로나 상황이 장기화하면서 일자리가 줄어 힘들다고 하셨다. 그런데 지원 기준 산정을 위해 할아버지의 소득을 살펴보다가 이상한 점을 발견했다. 월소득이 적지 않았으며 그중 상당 금액인 150만 원이 다달이 다른 계좌로 이체되고 있었다. 할아버지께 사연을 여쭤보자 머뭇거리며 말씀하신다.

"트럭 운전을 하던 시절, 과실로 인사 사고를 내서 사람이 죽었어요. 처벌을 다 받았지만 미안한 마음 때문에 유가족에게 매달 조금씩 돈을 보내고 있어요."

고령의 몸으로 이 정도의 소득을 올리기 위해 얼마나 많은 현장에서 험한 일을 하셨을까? 오랜 세월 돈으로 지울 수 없는 미안한 마음을 안고 얼마나 힘드셨을까? 사연을 듣는 순간 나는 그 할아버지를 떡전골로 ○○번지 고시원에 거주하는 생계 지원 대상이 아니라 소중한 가족이자 이웃이라고 느꼈다.

생계 지원 대상자들은 우리와 다르지 않다. 아니 어쩌면 세월의 풍파를 겪으며 평범한 우리보다 더 고귀한 삶의 가치를 지니고 살고 있을지 모른다. 할아버지의 사연을 듣고 나니 고시원 출장 전에 떠올랐던 암울한 기운이 사라졌다. 사연을 갖고 있는 모든 분이 생계 지원 대상은 아니다. 마음으로는 도와드리고 싶지만 제도상 불가능한 경우도 있다. 그럴 땐 그들의 이야기를 마음으로 듣는다. 이야기가 끝나고 "얼마나 힘드셨어요." 이 한마디와 함께 어깨를 감싸면 눈물의 스위치가 켜지듯 오열하곤 한다. 한바탕 울고 난 뒤 내일을 살아가기 위한 힘을 얻었다며 인사를 남기고 떠나는 분들의 뒷모습을 보며 문득 고시원 방마다 숨겨진 사연이 궁금해진다. 오늘 또 다른 사연을 만나기 위해 분주하게 출장을 준비한다.

부록

Q & A

# 실전사례 1

## Q. 개정 예정인 법률을 근거로 민원을 처리해도 될까요?

저는 야생생물 보호 및 관리에 관한 법률(약칭: 야생생물법)에 근거한 수렵면허 신청 수리 업무를 수행하고 있습니다. 민원인이 제출할 서류 중 총기 소지의 적정 여부에 대한 정신건강의학과 전문의 의견이 기재된 소견서(또는 진단서)가 있습니다. 작년 말부터 2종 면허(1종은 총기 사용, 2종은 총기 이외의 도구 사용) 취득을 희망하는 민원인이 있습니다. 민원인은 총기를 사용하지 않는데 정신과 소견서를 요구하는 것(야생생물법 시행규칙 제52조)이 부당하다며 법제처에 민원을 제기한 뒤 행정심판까지 청구했습니다.

환경부에 문의한 결과 2종 면허에 정신과 소견서는 과하다고 판단하여 올해 안으로 법령이 개정될 예정이라는 답변을 들었습니다. 민원인의 압박이 점점 심해져 마음 같아서는 정신과 소견서 없이 수렵면허 신고를 수리하고 싶은 심정입니다. 이런 경우 차후 개정될 법을 근거로 정신과 소견서 없이 수렵면허 신고를 수리해도 괜찮을지, 아니면 거세지는 민원에 대응하며 버텨야 할지 고민입니다.

**A. 개정 예정인 법률을 근거로 민원을 처리한다면 재량권 남용에 해당합니다.**

총기를 사용하지 않는 수렵 2종 면허 처리에 대한 담당자의 고충을 느꼈습니다. 현실적으로 정신과 소견서나 진단서 요구가 과하다는 의견과 현재 법령상 의무적으로 제출을 요구해야 하는 현실 사이에서 길을 잃은 모습처럼 보여 안타깝습니다. 민원인의 압박이 점점 심해지고 있으니 그로 인한 중압감 또한 상당하리라 예상합니다. 하지만 정신과 소견서나 진단서 첨부 없이 수렵면허를 수리하면 안 됩니다.

이유는 간단합니다. 현행법상 명백히 규정되어 있기 때문입니다. 법이 개정될 예정이라고요? 법이 개정될 사항이라고 예상해서 민원 및 행정 처리를 한다는 건 공무원의 재량권을 넘어서는 행위입니다. 재량권이란 법의 해석 범위를 넓혀 자유재량으로 처분할 수 있는 권한일 뿐 시행되지 않은 법률을 예상하여 집행할 권한을 의미하지 않습니다. 그러므로 현행법을 지키지 않으면 재량권 일탈 또는 재량권 남용의 소지가 다분합니다. 그렇다면 점점 거세지는 민원에 어떻게 대응하면 좋을까요?

첫째, 상황의 쟁점(수렵면허 수리 또는 불수리)에 몰두하기보다 생각의 범위를 넓혀 민원인의 이해 관심사에 집중해보면 어떨까요? 이해 관심사란 민원인이 특정한 입장을 취하게 된 이유입니다. 수렵면허 수리 여부 쟁점에서 한 발짝 물러나 민원인이 왜 정신과 소견서나 진단서를 부담스러워하는지 생각해볼 필요가 있습니다. 정신과 진료에 대한 부담이나 진단서 발급 비용의 문제, 혹은 말하기 어려운 개인 사정이 있을 수 있습니다. 민원인의 이해 관심사와 연관된 문제를 직접 해결하지는 못하더라도 이전과 다르게 접근한다면 다양한 해결책을 제시할 수 있을 것입니다. 유연하게 대응하다 보면 민원인이 자신의 입장에서 생각해주는 담당자의 진심을 받아들여 의외로 쉽게 민원이 해결되기도 합니다.

둘째, 법령을 관할하는 환경부에 유선 문의가 아닌 정식 질의를 하여 그에 대한 회신을 받는 방법입니다. 담당자와 민원인의 대립이 길어지면 민원인의 불만은 전혀 다른 곳에서 표출될 수 있습니다. 민원인은 공무원이 악의적으로 정당한 민원 처리를 방해하고 있다고 생각할 수 있습니다. 이런 경우 민원인에게 담당자 입장에서 진심으로 수렵면허를 수리하고 싶지만 현행 법령상 어렵다고 말하고, 정식으로 환경부 질의를 진행하겠다는 의사를 전달한다면 최소한 이와 같은 오해는 받지 않을 것입니다. 질의 결과가 민원인에게 부정적으로 나온다 해도 민원인이 분노하는 강도는 한층 약해지리라 생각합니다. 이때 환경부 질의 결과에 대해 안타까운 마음을 표하면서 수렵면허를 수리하기 위해서는 정신과 소견서나 진단서가 반드시 필요하다고 다시 설득한다면 조금은 부드럽게 민원을 처리할 수 있지 않을까 생각합니다.

# 실전사례 2

## Q. 악의적 민원으로부터 나를 지킬 방법이 있나요?

최근 들어 자주 찾아오는 민원인이 있습니다. 70대 후반으로 보이지만 박력 넘치는 모습입니다. 서슬 퍼런 눈빛에 큰 목소리로 담당자를 압박하는 위협적인 모습은 민원인의 나이를 무색하게 할 정도입니다. 민원인을 응대하던 담당자가 어려움을 느끼고 스트레스를 호소하고 있어 민원 응대 경험이 상대적으로 많은 제가 직접 그 민원인을 응대하기로 했습니다. 재산권과 연결된 문제라 민원인은 일반적인 민원에 비해 거세게 의견을 제기하며 이번에도 뜻을 관철하려고 합니다. 이런 상황에서 감정 소모를 줄이며 민원을 잘 해결할 방법이 있을까요?

## A. '민원의 본질은 욕망의 구현'이라는 사실을 명확하게 인식하고 대응해야 합니다.

질문자의 상황을 보면 민원인은 이전에도 비슷한 민원을 제기한 적이 있고, 이번에는 전임 담당자로부터 불가 통보를 받은 상황입니다. 그런데도 민원인이 강력하게 민원을 재차 제기하는 이유는 무엇일까요?

첫째, 담당자 인사이동으로 인한 업무 공백을 민원인이 이용하고자 하는 경우일 수 있습니다. 이런 일들은 인허가 부서에서 자주 일어납니다. 전임 담당자가 불허가 처분한 사항인데 인사이동에 의해 인수인계가 완벽하지 않은 시기를 노려 신임 담당자에게 허가 신청을 다시 접수하는 경우에 해당합니다. 이럴 때 담당자는 기존 또는 신규 업무를 철저하게 숙지하고 대응하는 것이 기본입니다. 행정 처리에 예행연습이란 있을 수 없으므로 신중해야 합니다. 이런 이유의 민원 제기라면 얼마든지 대처할 수 있으므로 큰 문제는 아니라고 생각합니다.

둘째, 민원인이 담당자를 끊임없이 압박하여 목적을 달성하고자 하는 경우입니다. 해당 민원인은 어쩌면 이와 같은 방법으로 개인적 목적을 달성한 경험이 있을지도 모릅니다. 이런 경우라면 문제는 심각해집니다. 지속적으로 담당자에게 면담을 요청하고, 폭언과 욕설(문제가 되지 않을 정도)을 하고, 인신공격을 동반한 민원을 제기하여 담당자의 판단을 흐리게 하는 게 목적이기 때문입니다. 이쯤 되면 담당자의 스트레스는 극에 달합니다. 스트레스에 시달리는 담당자로서는 안 된다는 건 알지만 민원인이 원하는 대로 처리하여 하루빨리 벗어나고 싶은 마음뿐일 것입니다.

이런 악의적인 민원에 시달린다면 우선 마음을 편안하게 유지하도록 노력해야 합니다. 민원인의 비방, 욕설, 인신공격을 그대로 받아들인다면 큰 상처로 남을 수 있기 때문입니다. 민원의 태풍이 지나간 후에도 정신적 트라우마로 남을 수 있습니다. 그러므로 담당자는 악의적 민원으로부터 자신을 지키는 방법을 찾아야 합니다.

민원의 본질은 욕망의 구현입니다. 민원인은 담당자의 판단력을 흐리게 만들어 이득을 얻으려고 합니다. 거세게 민원을 제기하는 당사자는 어쩌면 자신의 욕망을 구현하기 위해 연기를 하고 있는 것일지도 모릅니다. 그것도 아주 실감 나는 연기 말입니다. 이런 경우 담당자 역시 배우처럼 친절을 연기하려고 노력하기보다는 민원인을 의료서비스가 필요한 이용자로 생각하고 의료인 같은 마음으로 응대하면 어떨까요?

의료기관을 찾는 이용자는 고통에서 벗어나고 싶다는 욕구가 있습니다. 아픔을 호소하는 이용자가 난리를 치더라도 의료인은 너그러운 마음으로 귀를 기울이고 고통을 줄여줄 해결

책을 찾으려고 노력합니다. 자신의 욕망에 충실한 민원인을 응대할 때 담당자가 의료인과 같은 마음으로 대한다면 감정 소모를 최소화하면서도 진정성 있는 모습으로 응대할 수 있을 것입니다.

## 실전사례 3

**Q. 민원인이 막무가내로 시장을 만나겠다고 하는데, 어떻게 해야 할까요?**

저는 인허가 업무를 담당하고 있습니다. 근무연수가 2년밖에 되지 않은 신규자이지만, 법적인 부분을 검토해서 허가 여부를 판단하는 업무가 적성에 맞아 어렵지 않게 일하고 있습니다. 그런데 최근 고민이 하나 생겼습니다. 불허가 또는 반려 의견을 민원인에게 전달했을 때 흥분하는 것은 이해합니다. 본인의 재산권이 달린 문제이기도 하니까요. 그런데 담당자와는 얘기가 통하지 않는다면서 다짜고짜 시장을 찾아가겠다고 하는 민원인이 간혹 있습니다. 때로는 담당자인 제가 무슨 큰 잘못이라도 한 듯 몰아세우면서 국장 혹은 부시장 등을 만나겠다고 하기도 합니다. 이런 경우 찾아가도 상관없으니 마음대로 하라고 말하기도 그렇고, 그렇다고 적극적으로 만류하면 뭔가 스스로 잘못을 인정하는 것 같아서 자존심이 상합니다. 어떻게 대처하면 좋을까요?

## A. 민원인의 의도를 헤아리는 것이 해결의 실마리가 될 수 있습니다.

충분히 공감하는 내용입니다. 저 역시 이런 민원인을 많이 만났습니다. 우리는 민원을 가장 먼저 접하는 현장실무 공무원이니까요. 물론 민원인을 먼저 응대하게 되는 이는 담당 공무원입니다. 수많은 민원인을 응대하며 어떻게 모든 민원인을 다 만족시킬 수 있겠습니까? 법적인 사항에 저촉되는 경우 특히 그렇죠. 법으로 안 되는 일인데 담당자와 이야기가 통하지 않는다면서 높은 직위에 있는 사람을 찾는 민원인이 종종 있습니다. 그래도 예전과 비교하면 줄어드는 추세입니다.

어느 날 상담 중 불만을 토로하며 시장님 이름을 계속 언급하는 민원인이 있었습니다. 개인적으로 그분을 잘 아시냐고

여쭈었더니 잘 안다면서 본인이 투표했고, 그로 인해 당선이 됐다고 하시더군요. 이렇게 큰 소리로 이야기하는 민원인일수록 높은 분과 관계의 끈이 약하다고 보면 됩니다. 그러니 위축될 필요가 없습니다. 그렇다고 민원인을 무시하라는 의미는 아닙니다. 찾아가든지 말든지 마음대로 하시라는 식의 대응은 민원인의 마음에 되레 불을 지피는 계기가 될 수 있기 때문입니다.

이런 경우 민원인의 의도를 헤아리며 이렇게 이야기해보는 건 어떨까요? "선생님, 아무리 높은 분을 찾아가신다 해도 법으로 금지되어 있는 사항이기 때문에 결과를 바꾸기는 어렵습니다. 그 내용을 가장 잘 알고 있는 담당자인 저와 다른 대안이 있는지 다시 찬찬히 이야기 나눠보시면 어떨까요?"

잘못을 인정하는 것이 아니니 자존심 상할 일도 없습니다. 민원인이 높은 직급의 인사를 찾아가겠다고 하는 것은 자기와 좀 더 적극적으로 대화해달라는 의도를 달리 표현한 것일 수 있습니다. 높은 직급 인사와의 대면을 무기로 내세워 담당자보다 우월적인 지위에서 이야기하고 싶다는 뜻을 드러내는 것이니까요. 그러니 담당자가 민원인의 의도를 받아주고 상대방의 전략이나 무기가 효과를 발휘했다는 기분을 느끼게 해준다면 한결 부드럽게 민원 응대를 할 수 있겠죠.

이렇게 응대했는데도 막무가내로 높은 직급의 인사를 찾아가겠다는 민원인도 간혹 있습니다. 그때는 아쉬움을 표현하며 민원인의 의사가 완고하니 어쩔 수 없다는 말로 보내면 됩니다. 이런 이유로 민원인이 시장실을 찾는 경우 예전엔 비서실에서 민원 담당자 혹은 과장에게 전화하여 질타하던 시기도 있었습니다. 담당 부서에서 어떻게 응대했길래 민원인이 시장실로 직접 찾아왔느냐는 식으로 말이죠. 하지만 요즘은 그렇지 않습니다. 법과 원칙에 맞게 응대했는데도 부당한 요구를 하는 민원인에 대해 내용 확인 후 자체 처리하는 역할을 담당하는 비서실로 발전했기 때문입니다.

간략히 정리하겠습니다. 높은 직급의 인사를 찾아가겠다는 민원인이 있으면 곤란해하는 모습을 보임으로써 의도가 통했다는 느낌을 준 뒤 다시 논의하여 대안을 찾아보자고 하면 됩니다. 그래도 통하지 않는다면 아쉬움을 표현하고 민원인이 원하는 면담을 할 수 있도록 도우면 됩니다. 민원 응대 담당자는 민원인과 높은 직급 인사 사이의 관계를 고민할 것이 아니라 자신이 법과 원칙에 맞는 정당한 행정 행위를 했는지를 살펴야 합니다. 이 부분에서 문제가 없다면 다소 억지 주장을 하는 민원인으로부터 스트레스를 받는 일도 줄어들지 않을까 생각합니다.

## 실전사례 4

### Q. 민원 처리는 무조건 빨리 해야만 하는 것일까요?

모든 민원은 법으로 규정된 처리 기한이 있다고 알고 있습니다. 예를 들어 6일 이상의 민원 처리 기한이 주어진 민원의 경우 저는 나름대로 시간을 관리하며 최적의 답변을 드리기 위해 노력하는 편입니다. 그런데 민원인 중에는 민원을 접수하자마자 답을 듣고 싶어하는 분이 있습니다. 그래선지 저는 민원 처리 기한이 짧으면 민원인을 응대할 때 압박을 느끼곤 합니다. 민원 처리는 무조건 빨리 하면 좋은 것인지 궁금합니다.

## A. 민원 처리 기한이 길어질수록 민원인의 반발 강도도 커집니다.

한 시간, 하루가 급한 민원인에게 법정 처리 기한은 사실상 큰 의미가 없습니다. 처리 기한이 길어질수록 민원인의 반발 강도는 그에 비례하여 담당자에게 돌아온다는 사실을 아셔야 합니다. 예를 들어 법정 처리 기한이 100일인 민원이 접수됐다고 가정해보겠습니다. 만약 50일 안에 민원을 처리했다면 (부정적인 결과를 통보하는 경우 더 정확한 비례관계가 성립합니다) 민원의 반발 강도는 대략 50이라고 생각하면 됩니다. 같은 논리로 80일 안에 처리했다면 대략 80의 반발 강도를 받게 됩니

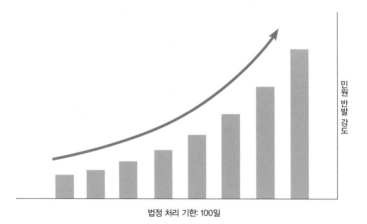

법정 처리 기한: 100일

민원 반발 강도

다. 법정 처리 기한의 한계인 100일에 처리한다면 100의 강도를, 100일이 지난 후 민원 해결이 아닌 기간 연장, 보완 등의 조치를 통보한다면 민원인의 반발 강도는 더 심할 수도 있습니다. 부정적인 결과일수록 면밀히 검토하여 최대한 신속하게 민원인에게 통보해야 합니다. 이것이 민원인의 반발을 최소화하는 가장 손쉬운 방법입니다.

인허가 같은 법정 민원의 경우 허가 처리 전까지 담당자에게 민원인은 '을'의 입장으로 접근합니다. 담당자의 심기를 건드려 허가에 불이익이 생길까 두려워하는 마음이 존재하기 때문입니다. 민원인의 입장에서는 담당자에게 언제 처리될 수 있는지 물어보는 것조차 부담스러울 수 있습니다. 물어본다 해도 돌아오는 답변이 대동소이하니까요.

"기한 내에 처리해드리겠습니다. 접수된 순서대로 처리하고 있으니 조금만 더 기다려주세요."

대부분의 민원인은 민원 처리 기한이 길어진다 해도 결과를 통보받기까지 웬만해서는 불만이나 분노를 표출하지 않습니다. 그러다 100일간의 법정 처리 기한 마지막 날 허가 불가 통보를 받는다면, 응축된 불만과 분노를 기다린 시간에 더하여 강력하게 표출합니다. 그러므로 캐비닛과 책상 서랍을 열어 질문자께서 가지고 있는 민원의 처리 기한을 정리하시길 바랍니다. 빠르면 빠를수록 좋습니다. 민원의 시한폭탄이 터져 그 파편이 마음에 박혀 상처 입기 전에 민원인의 요구를 살피고 기한 내에 속히 처리하도록 노력해보시길 바랍니다.

책에서 저는 3·5·7 전략을 제안하며 민원 해결의 핵심을 속전속결이라고 했습니다. 전화민원은 3분 안에 끝내고, 대면 민원도 5분이면 충분하다고 했습니다. 서면민원의 경우 처리 기한 70퍼센트 안에 완료하도록 노력해보십시오.

## 실전사례 5

### Q. 민원인의 공개적 비방에 어떻게 대처해야 할까요?

저는 사회복지 상담 업무를 담당하고 있습니다. 얼마 전 경제적 사정이 좋지 않은 민원인을 상담했습니다. 여느 때와 마찬가지로 생계지원 가능 범위에 대해 설명해드리고 위로와 공감의 마음을 전달했습니다. 그런데 그 민원인께서 국민신문고를 통해 민원을 제기한 내용을 보고 큰 상처를 받았습니다. 저에 대한 비방은 물론 불친절 그리고 불성실한 태도로 일관하는 고압적 자세를 지적하는 내용으로 가득했기 때문입니다. 정말 억울합니다. 제가 그런 마음으로 민원인을 대했다면 이렇게 참담한 기분이 들지도 않을 겁니다. 이런 내용을 팀장님이나 과장님께 말씀드린 뒤 그에 대한 답변을 공식적으로 올려야 하는 부분에 대한 허탈감도 큽니다. 다른 분들이 저를 어떻게 생각할까요? 민원 당사자분께는 뭐라고 답변해야 할까요? 억울하고 화가 나서 도대체 어떻게 해야 할지 방법이 떠오르지 않습니다.

## A. 동료는 같은 고민을 하는 든든한 버팀목입니다.

황당한 일을 겪으셨군요. 그런데 의외로 주변에서 자주 일어나는 일이기도 합니다. 제 경험에 비추어보면 민원인에게 불친절하고 불성실하게 대하는 공무원은 비방성 민원에 대해 크게 신경 쓰지 않을 뿐더러 동료의 평판을 걱정하는 경우도 거의 없습니다. 민원인의 공개적 비방에 억울함과 참담함을 느끼시는 질문자는 지극히 정상적인 범위 내에서 민원 응대를 하셨을 것이라고 생각합니다. 함께 근무하는 동료들이 당연히 담당자의 마음을 이해해주리라 믿습니다. 민원인의 공개적인 비방 내용이 사실이 아니라는 것 또한 잘 알고 계실 테고요. 그러니 동료분들에 대한 걱정은 일단 내려놓으십시오.

민원인과 질문자 사이의 상담 내용을 알 수 없기 때문에 어떤 목적으로 민원인이 공개적 비방을 하게 됐는지를 짐작하기란 쉽지 않습니다. 경제적 사정이 좋지 않은 상태였다니 아마도 생계 지원 범위가 기대에 미치지 못한 측면에 대한 불만이 아닐까 추정합니다. 어쩌면 질문자의 말투나 특정 단어가 민원인을 자극했을지도 모릅니다. 하지만 이런 경우 민원인이 공개적으로 비방 글을 올린 이유나 목적을 밝히는 데 에너지를 쓰지 않는 편이 좋습니다. 그렇다면 국민신문고에 어떻게 답변해야 할까요?

일단 감정을 잘 추스르고 민원인에게 생계 지원에 대한 객관적 정보를 부각하여 안내합니다. 그런 다음 상담 내용과 태도에 불쾌감을 느끼셨다면 그 지점에 대해 사과드린다는 내용으로 답변하면 됩니다. 이 외에 다른 감정을 섞게 되면 민원인을 자극하여 더 큰 강도의 반발과 민원이 발생할 수 있으니 유의하시길 바랍니다.

자신이 의도하지 않은 일로 민원인에게 사과의 말을 전하게 되었다고 해서 자존심이 상하거나 상처를 받을 필요는 없습니다. 질문자 주위에 마음을 알아주는 동료가 있다는 사실을 잊지 말고 힘을 내십시오. 앞으로 주변 동료가 같은 고민을 한다면 그때는 질문자께서 든든한 버팀목이 되어주시길 바랍니다.

## 실전사례 6

### Q. 많은 건수의 민원을 효과적으로 처리할 수 있는 방법은 없을까요?

저는 도시화된 지역의 불법 노점상 단속 업무를 맡고 있는 담당자입니다. 팀장님께서도 노점상 업무를 담당하셨다는 이야기를 듣고 고민 상담을 드립니다. 불법은 반드시 근절되어야 하고 노점상 역시 마찬가지지만 현실은 너무나 어렵습니다. 노점으로 하루 벌어 생계를 유지하는 분들을 보면 마음이 안 좋고, 조직화된 노점 단체 소속 노점상은 되레 큰소리를 칩니다. 사람이 모이는 곳에 우후죽순처럼 생겨나는 노점상으로 인해 주변 아파트 주민들의 민원 역시 거셉니다. 어느 날은 아파트 주민들의 단합으로 하루 100건이 넘는 민원을 접수한 적도 있습니다. 강력한 행정력 동원으로 단속과 대집행을 계획하면 노점 단체의 그보다 더 강력한 반발이 예상되는 상황입니다. 어떻게 하면 쏟아지는 많은 민원을 효과적으로 처리할 수 있을까요?

## A. 어려운 민원일수록 원칙을 세워 처리해야 합니다.

맞습니다. 저 역시 약 5년간 2개의 부서를 거치며 노점상 단속 업무를 담당했습니다. 그때의 제 마음속 고민을 듣는 것 같아 더욱 공감하게 되네요. 현재 고민에 대한 답변은 민원 극복을 위한 다섯 가지 방법 중 진심에 대한 부분(130쪽)을 읽어보시면 좋을 것 같습니다. 오늘은 이와 비슷한 경우인 2021년 화성시 적극행정 실제사례에 대해 말씀을 드려볼까 합니다. 버스정류소 명칭 선정 및 변경 요청 민원을 효율적으로 대처한 담당자의 이야기를 들어보겠습니다.

"신도시에 조성되는 아파트는 그 특성상 도로 및 버스정류소 등 기반시설이 완료된 후 순차적으로 건립됩니다. 처음에는 가장 가까운 아파트 이름이나 브랜드를 버스정류소 명칭으로 사용했고 별문제가 없었습니다. 하지만 버스정류소 인근에 추가로 아파트가 들어서자 자신들이 거주하는 아파트 브랜드로 버스정류소 이름을 바꿔 달라는 민원을 제기합니다. 요구를 관철하기 위해 아파트 주민이 뜻을 모아 담당자 전화번호를 공유하며 민원 폭격을 시작합니다. 그렇다고 버스정류소 명칭에 주변 모든 아파트 브랜드 이름을 추가할 수는 없었습니다. 만약 '○○마을 ○단지 ○○○○○○ 아파트' 처럼 긴 이름을 버스정류소 명칭에 추가한다면, 또 어떤 아파트는 추가하고 어떤 아파트를 배제한다면, 혼란과 역민원에 시달릴 것은 겪어보지 않아도 알 수 있기 때문이죠. 이에 더해 거주지 주변 버스정류소 명칭에 따라 재산평가가 달라진다는 인식 때문에 장애인학교를 기피 공공시설로 인식해 버스정류소 명칭에서 제외해달라는 요구를 하는가 하면, 개인 소유 건물 혹은 상가의 명칭을 도로나 버스정류소에 넣어달라고 요구하기도 합니다. 시간이 지날수록 민원은 더욱 거세집니다."

이런 종류의 집단 민원은 응대하기가 쉽지 않습니다. 더욱

이 아파트 주민들이 뜻을 모아 요구하고 있으니 담당자의 스트레스를 가히 짐작할 수 있습니다. 이 상황에서 담당자는 어떻게 대응계획을 세웠을까요? 그는 문제 해결을 위해 어떤 상황에도 흔들리지 않는 원칙을 세우기로 합니다. 가장 먼저 버스정류소 명칭 선정에 대한 세부 기준 수립 작업을 진행했습니다. 정류소 기준 150미터 이내 거리에 한해 최대 두 곳의 명칭만 선정한다거나 버스정류소 주변 아파트가 여러 곳일 경우

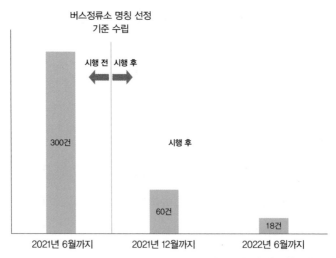

〈버스정류소 명칭 선정 기준 수립과 민원의 상관관계〉

자료: 화성시 버스혁신과(2022년 기준)

세대수가 많은 곳을 기준으로 한다는 식으로 말이죠. 또한 명칭 선정의 객관성을 담보하기 위해 자문기관인 대중교통정책심의위원회에 심의 상정 및 가결 권한을 위임했습니다. 이렇게 처리한 결과는 어땠을까요?

실무 담당자는 시행 초반 세부 기준 수립에 대해 알지 못한 주민이나 자기 생각과 다른 기준에 반발하는 주민으로부터 항의성 민원을 많이 받았다고 합니다. 원칙을 적용하는 초기 단계가 새로운 원칙을 세울 때 가장 힘든 시기입니다. 이때 지속해서 소통하고 주민들의 마음을 열며 설득해야 합니다. 명칭 선정을 위해 세운 원칙이 그곳 주민들의 원칙이 되는 순간까지 묵묵히 나아간다면 많은 건수의 민원을 효과적으로 처리할 수 있는 가장 강력한 힘이 될 것입니다.

## 실전사례 7

### Q. 육아시간 제도를 이용하는 동료 때문에 너무 힘듭니다.

저는 입사 3년 차, 현 부서 임용은 1년이 채 되지 않은 신규자입니다. 요즘 저를 힘들게 하는 건 업무도 민원인도 아닌 옆

자리 동료입니다. 그 직원의 퇴근 시간은 오후 4시입니다. 육아시간 제도를 이용해 2시간 일찍 퇴근하고 있습니다. 문제는 그 이후 시간에 업무 민원과 전화 문의 등이 저에게 편중된다는 것입니다. 처음에는 민원인에게 육아시간 제도를 이용하는 직원을 대신해서 제가 업무를 처리하고 있다고 안내했습니다. 하지만 도움이 되지 않고 오히려 화를 내는 경우가 많아 그런 안내마저도 하지 않고 있습니다. 제 고충은 아랑곳없이 당연한 듯 자기 권리를 누리는 동료 직원을 생각하면 너무 힘듭니다. 어떻게 해야 할까요?

### A. 동료 간 이해와 배려가 단단한 조직을 만드는 초석입니다.

얼마 전 사내 게시판에 익명으로 올라온 글에 이런 표현이 있었습니다. "왜, 당신의 자녀 양육에 제 몸과 마음을 갈아 넣어야 합니까? 그냥 육아휴직 해주세요." 육아시간 제도를 이용하는 동료로 인해 본인의 업무량이 늘어난 부분에 대한 불만을 토로하는 내용입니다. 잔뜩 날 선 말투에서 섬뜩함까지 느껴집니다.

육아시간 제도는 만 5세 이하의 자녀를 가진 공무원이 24개월 범위에서 1일 2시간을 자유롭게 사용할 수 있도록 하고 있습니다. 육아에 시달리는 공무원에겐 단비와 같은 기쁨을 주는 제도겠지만, 그 이면에 동료 간 갈등이 존재하고 있었습니다. 사내 게시판에 글을 올린 이의 의도는 육아시간 제도를 활용하면 추가 인력 보충이 없어 본인의 업무가 가중되니 신규 인원을 채워주는 육아휴직을 사용하라는 것이었습니다. 이런 상황을 마주하니 여러 가지 감정이 교차합니다. 익명 게시판 글을 읽은 한 직원이 익명으로 아래와 같은 이야기를 남겼더군요.

"저는 맞벌이 부부입니다. 아내는 아침 5시 30분에 일어나 6시 10분에 서울에 있는 직장을 가기 위해 버스에 지친 몸을 싣습니다. 아내가 출근하고 나면 7시에 두 딸을 깨워 옷을 입히고 5년이 넘어도 늘지 않는 머리 묶는 손으로 삐뚤빼뚤 간신히 머리를 묶습니다. 패션에 둔감한 첫째는 그나마 합격인데 패셔니스타 4살 둘째는 오늘도 머리가 맘에 들지 않습니다. 아내가 어제 버스 파업으로 늦게 온 탓에 아침에 입고 갈 공주 드레스를 골라주지 않은 점도 둘째의 심기를 건드렸는지 오늘 아침은 차에 태우기까지 힘든 여정이었습니다. 게으른 아빠가 해줄 수 있는 아침이라고 해봐야 바나나 한 개와 복숭아 한 개 플라스틱 컵에 대충 썰어 담아 어린이집 가는 차 안에서 먹을 수 있도록 하는 게 전부이지만 언제나 듬직한 첫째는 엄지로 만족을 표시해줍니다. 둘째는 아직도 삐져서 바나나를 거부합니다. 그래도 어린이집에서 아침에 간단한 요깃거리를 주니 천만다행입니다. 오늘은 만성 피부질환을 앓고 있는 첫째를 데리고 피부과 진료를 받아야 합니다. 벌써 4년째 일주일에 두 번 피부과에서 레이저 치료를 받고 있습니다. 아마도 육아시간이 없었다면 첫째의 치료를 포기할 수밖에 없었겠죠. 하지만 덕분에 4년째 치료를 이어오고 있고 지금은 상태가 많이 좋아져 70% 정도 치료가 된 상황입니다. 이대로 번지지 않고 안정화가 찾아오면 좋겠지만 지금 상태로 호전된 것만으로도 너무나 감사합니다. 일주일에 한 번 정도 육아시간을 사용하는 사람으로서 이 제도에 너무 감사한 마음입니다. 앞서 말씀드렸듯이 이 제도가 없다면 첫째의 치료를 포기해야 했을 겁니다. 그리고 맞벌이를 하는데 주변 가족의 도움을 얻을 수 없는 저로서는 더욱 필요한 제도라고 생각합니다. 하지만 동시에 내가 혜택을 보는 만큼 옆 동료들에게 부담을 주는 상황이 아닌가 매우 죄송스럽고 미안한 마음입니다. 오늘 게시판의 글을 쓴 분에게 감사와 양해를 구하려고 글을 씁니다. 저의 혜택은 동료분들의 배려로 인한 것이고 그 배려로 저희 아이가 잘 클 수 있었습니다. 고맙습니다. 항상 미안한 마음입니다. 동료에게 피해를 주지 않으려고 노력하는데 그게 말처럼 쉬운 일이 아니었습니다. 다시 한번 이해와 양해의 말씀을 드립니다."

저희 팀원 중 한 명 역시 만 5세 이하 자녀를 둔 육아시간 사용 가능 대상입니다. 하지만 팀 내 분위기는 위 상황과는 조

안 업무를 나눠서 처리해주는 동료에게 미안함과 감사의 표현을 하는 것은 공직생활만이 아니라 인간관계를 부드럽게 하는 윤활유 역할을 하는 중요한 요소라고 생각합니다. 육아시간을 사용하는 이는 동료에게 감사와 미안함을 표현하고, 함께 근무하는 동료들이 이해와 배려하는 마음을 보여준다면 민원의 파도에 휩쓸리지 않는 단단한 조직이 될 것이라고 믿습니다. 조직 내에서 입은 상처가 아물기도 전에 민원인으로부터 고통을 받는다면 그 아픔은 치유하기 힘들 정도로 악화할지도 모릅니다. 서로를 배려하는 건강한 조직문화에서 나오는 긍정적인 기운으로 어려운 여건을 이겨내시길 기대해봅니다.

## 실전사례 8

### Q. 민원 응대 공무원을 위해 정부와 지자체가 어떤 노력을 하고 있나요?

행정복지센터 근무 2년 차입니다. 저는 주민등록등본 발급 업무 같은 비교적 간단한 법정민원(법령·훈령·예규·고시·자치

법규 등에서 정한 일정 요건에 따라 특정한 사실 또는 법률관계에 관한 확인 또는 증명을 신청하는 민원)을 처리하고 있습니다. 하지만 처리해야 하는 건수가 상당할 뿐만 아니라 간혹 발생하는 악성 민원으로 업무가 마비되는 경우가 종종 있습니다. 이 때문에 조직 차원의 지원이 있으면 좋겠다는 생각을 해봤습니다. 민원 응대 공무원을 바라보는 지자체의 시각이 어떻게 변화되고 있으며 악성 민원에 대응하기 위해 정부와 지자체가 어떤 노력을 하고 있는지 궁금합니다.

## A. 많은 지방자치단체에서 중식시간 보장제, 시민 옴부즈맨 제도와 더불어 다양한 제도 개선을 위해 노력하고 있습니다.

민원 응대 공무원의 원활한 업무를 위해 공무원 조직도 끊임없이 변화하고 있습니다. 대표적인 예가 민원 창구 중식시간 보장제(점심시간 휴무제)입니다. 전국 광역시 중에서 광주광역시 5개 지방자치단체가 2021년 7월 이후 처음으로 민원 창구 점심시간 보장제를 시행했습니다. 현재는 광주광역시 외에 부산광역시와 16개 자치구, 경상남도와 18개 시·군 공무원노동조합이 점심시간 보장제에 대해 활발하게 논의하고 있다고 합니다. 사실 점심시간 보장제는 지방공무원 복무규정에도 명시되어 있습니다.

**제2조(근무시간 등)** ② 공무원의 1일 근무시간은 9시부터 18시까지로 하며, 점심시간은 12시부터 13시까지로 한다. 다만, 지방자치단체의 장과 지방의회의 의장은 직무의 성질, 지역, 또는 기관의 특수성을 고려하여 필요하다고 인정할 때에는 1시간의 범위에서 점심시간을 달리 정하여 운영할 수 있다. 〈개정 2017. 4. 25, 2021. 11. 30.〉

법은 이렇게 규정하고 있지만 민원 현장에서는 점심시간 1시간을 30분씩 나눠 직원들끼리 교대하는 방식이 보편적입니다. 이마저도 점심시간에 한꺼번에 몰리는 민원인으로 인해 제때 교대하지 못하는 실정이기도 합니다. 이런 배경으로 만들어진 제도가 바로 민원 창구 중식시간 보장제입니다. 제도의 정착을 위해 무인민원발급기 추가 설치, 고령층이 원활하게 무인민원발급기를 이용할 수 있도록 행정복지센터에 '공공근로 도우미'를 배치하여 민원 창구 담당자들의 점심시간을 보

〈민원창구 중식시간 보장제 시행 현황〉

| 지자체 | 최초 시행 | | 유형 |
|---|---|---|---|
| 경기도 | 양평군 | 2017년 7월 | 전면 |
| | 오산시 | 2019년 10월 | |
| | 양주시 | 2020년 11월 | 일부 |
| | 화성시 | 2020년 1월 | |
| 충청북도 | 보은군 | 2021년 10월 | 전면 |
| 충청남도 | 부여군 | 2021년 11월 | |
| 전라북도 | 남원시 | 2021년 1월 | 일부 |
| 광주시 | 동구 | 2021년 7월 | 전면 |
| | 서구 | 2021년 7월 | |
| | 북구 | 2021년 7월 | |
| | 남구 | 2021년 7월 | |
| | 광산구 | 2021년 7월 | |
| 전라남도 | 무안군 | 2019년 7월 | 전면 |
| | 담양군 | 2019년 1월 | |
| | 장성군 | 2021년 6월 | |
| | 순천시 | 2021년 7월 | 일부 |
| | 곡성군 | 2021년 9월 | 전면 |
| | 고흥군 | 2021년 10월 | |
| 경상남도 | 고성군 | 2017년 2월 | 일부 |

자료: 행정안전부·전국공무원노동조합

장하려는 조직 차원의 노력을 기울이고 있습니다. 그러나 민원인의 반발도 만만치 않습니다. 인감증명과 여권발급, 전입

신고 등 대면으로만 접수 가능한 업무의 경우, 점심시간에 민원 처리가 불가능하기 때문에 민원인의 원성을 사기도 합니다. 또한 공용문서 발급 시 직장인 대부분이 점심시간을 이용하는데 이에 대한 불만을 고스란히 받아야 하는 것도 발급업무 담당자들의 몫입니다. 이런 사항을 개선하기 위해 화성시는 중식시간 보장제 시범운영 기간 절충안을 모색해 직원들의 점심시간을 보장하되 시간을 유연하게 적용하여 맞교대 방식으로 탄력적으로 시행하고 있습니다.

한편 경기도 화성시는 도를 넘은 민원인의 폭언과 협박으로부터 민원 담당 공무원을 지키기 위해 녹음 기능이 추가된 공무원증 케이스를 제작·배포했습니다(〈화성시, 녹음 기능 갖춘 공무원증 케이스 지급〉, 《연합뉴스》, 2020년 6월 19일). 이 녹음 케이스는 공무원증을 넣어 목에 거는 형태로 비상 시 버튼을 누르면 최장 6시간 동안 대화를 녹음할 수 있습니다. 녹음 중이라는 사실을 민원인에게 공지함으로써 폭언과 협박을 예방하는 것은 물론 그런 상황이 발생할 경우 증거를 채집하는 효과가 있을 것입니다.

첨단 디지털 기기 활용에 익숙한 MZ세대 공무원에게 녹음 기능을 갖춘 신분증 케이스를 지급하는 것이 뭐 그리 대단한 변화냐고 보는 이도 있을지 모릅니다. 하지만 민원 응대 담당자를 보호하기 위해 지방자치단체의 로고가 선명하게 찍힌 공무원증 케이스에 녹음 기능을 추가하는 노력은 민원 응대 담당 공무원만이 아니라 민원실을 이용하는 시민들도 안심할 수 있는 환경을 조성하려는 취지입니다.

민원 응대 담당자들이 중식시간 보장제를 활용해 점심을 여유롭게 먹고, 악성 민원인으로부터 자신을 보호할 방법이 더 많아진다면 민원 서비스 역시 크게 향상될 것이라고 봅니다. 별도로 시민 옴부즈맨 제도를 소개하니 참고하시길 바랍니다.

**시민 옴부즈맨 제도**

옴부즈맨Ombudsman이란 스웨덴어로 남의 일을 대신해주는 대리인이라는 뜻입니다. 시민 옴부즈맨 제도는 행정에 대한 시민의 고충을 접수하여 중립적인 입장에서 조사하여 필요한 경우 시정조치를 권고함으로써 시민과 행정기관 양자 간에 발생하는 문제를 신속하게 해결하기 위해 임명된 사람 또는 비사법적 시민권익 보호제도를 뜻합니다.

민원 응대 공무원이라면 날카롭게 날이 선 민원인을 상대하기에 앞서 긴장한 경험이 있을 것입니다. 민원 담당자를 무엇보다 힘들게 하는 것은 어떤 이야기를 해도 듣지 않으려는 민원인의 태도입니다. 공무원이 내린 편파적인 결론이라 생각하여 따지고 드는 민원인의 맹렬한 공격을 막아내기란 쉽지 않습니다. 이때 시민 옴부즈맨 제도가 감정 소모를 상당 부분 해소할 수 있도록 도움을 줄 것입니다.

이 제도를 활용하면 민원을 공무원 입장이 아니라 시민의 대리인으로 임명된 시민 옴부즈맨의 관점으로 바라보도록 중재를 요청할 수 있습니다. 민원인들은 시민 옴부즈맨의 시각을 객관적이라 생각하여 부정적인 결과라도 비교적 쉽게 수긍하는 경향이 있습니다. 반대로 옴부즈맨이 민원인에게 유리한 입장의 의견을 준다면 민원 서비스를 제공하는 쪽에서도 행정적인 부담을 덜 수 있을 것입니다. 재산권 등 민감한 사안을 포함한 민원에 직접 대응하지 않고 감정 소모를 최소화하는 데 도움이 되는 조직의 노력 중 하나라고 볼 수 있습니다. 외압과 이권에 흔들리지 않도록 중립성과 독립성을 지켜낼 안전장치가 마련된다면 시민 옴부즈맨 제도가 공무원과 민원인 모두에게 환영받는 서비스로 자리매김할 수 있다고 생각합니다.